永久保存版

きょうの
ごはんが
決まる本

～『 DAIGO も 台所 』は、MKY ～

僕はもともと、基本的に
料理をしたことがない人間でした。
包丁の使い方もおぼつかないレベルです。

でも、2022年に『DAIGOも台所』の番組が始まって、
先生方、山本ゆりさんに温かく指導をいただく中で、
少しずつできることが増えて（まだまだですが）、
料理の楽しさがわかるようになってきました。

餃子をうまく包めると達成感があるし、スーパーで
食材（オクラとか）を探して、発見するとテンションが上がります。
家族に食べてもらって、喜んでもらうのも嬉しい！

料理を始める前は、こんな気持ちは知りませんでした。
「新しい自分を発見した」という感じです。

さて、『DAIGOも台所』は、ひとことで言えば、
MKY ──毎日の（M）献立に（K）役立つ（Y）。
いろんなレシピを幅広く紹介して、「きょうの献立、何にする？」の
お悩みに応えようという番組です。

この本では、番組に登場したメニュー（どれもとてもおいしいです）から
イチオシの100個を載せています。献立に悩んだら、そのときの
気分やシチュエーションに合わせて試していただけたら嬉しいです。

2024年10月　DAIGO

TV番組『DAIGOも台所』
毎週月曜～金曜　ひる1:30放送
ABCテレビ・テレビ朝日系列　全国ネット

もくじ

番組キャラクター

ソルトさん　ペッパーさん　ピンクペッパーさん

料理を教えてくれる先生たち

日本料理　長谷川晃先生
日本料理　簾達也先生
西洋料理　大西章仁先生
西洋料理　紫藤慧先生
中国料理　川﨑元太先生
中国料理　河野篤史先生
料理コラムニスト　山本ゆり先生

迷う人へのイチオシ5レシピ

レシピが100個も
あって嬉しいけど
悩みますぞ〜

そんなあなたには！
とりあえず5個、
イチオシレシピ
を紹介するわよ〜

レンジでできる！

豚もやしロール
→ P.34

簡単にできる！

ナポリタン → P.72

ご飯がすすむ！

鶏の
オイスターソース
→ P.12

節約になる！

サバ缶の
炊き込みご飯
→ P.60

時短でつくれる！

即席副菜
3種
→ P.42

まだまだ悩むなら…
つぎのページの
**おたすけ
チャート**も
活用しちゃお！

おたすけチャート

「きょうは何を作ろうかな…」そんな献立のお悩みに応えるチャートです！気分に合わせて進んでいくと、作りたいものがきっと見つかるはず♪

スタート

やる気は？

ある

いまのあなたは…

ご飯はあるんです

つくりたい

小腹を満たしたい！どちらかといえば…

しょっぱいのがいい

P88 軽食
- BLTサンド
- コーンクレープ
- 6Pチーズインじゃがいも
- 食パンで！本気の肉まん

甘いのがいい

P91 スイーツ
- キャラメルプリン
- レンジでわらび餅風
- レンジで濃厚ガトーショコラ風
- レンジでザクザクブラウニー

みんなで盛り上がりたい！

P86 みんなで楽しい
- 餃子の皮でクリスピーピザ
- マカオ風タルト
- アレンジ手巻き寿司

豪華な料理でもてなしたい！

P83 ゴージャス料理
- ラザニア
- サーロインステーキ
- ローストポーク
- しょうが風味のシャリアピンステーキ

がっつり **肉**

P19 豚肉
- 豚肉の味噌焼き
- ウスターソースの酢豚
- BBQスペアリブ
- ざくざくポーク

P21 鶏肉
- レジ横チキン
- 鶏のガーリック焼き
- ささみ明太ハンバーグ
- 手羽のジンジャーソテー

P24 牛肉
- 牛肉のさっぱりたたき
- 牛肉のやわらかビール煮
- 牛肉の甘辛炒め

海の幸 **魚介**

P27 魚
- かれいのさっと煮
- さばの味噌煮
- アジの香味パン粉焼き
- マグロの漬け丼
- 鮭のバターポン酢

P31 魚以外
- かきフライ
- いかの天ぷら
- シーフードのオムライス風
- ヨーグルトでさっぱりエビマヨ

一品で大満足 **ご飯を使うメニュー**

P64 カレー
- 無水チキンカレー
- マッシュルームのトマトカレー
- コーンクリームカレー

P66 そのほかごはんもの
- 親子丼
- ふわとろオムライス
- タコライス
- 海老炒飯
- しらすと高菜の混ぜごはん

ない

そんな日も
ありますよね♪

かろうじて…

それでも作らないと
いけないあなたに！

ご飯は？

炊く！

炊きたく
ない！

のは…

ぜひ、コンプリート
してください

どっちも食べたい！ **肉も野菜も**

シャキシャキねぎと
トロトロねぎのハーモニー！

豚肉と長ねぎの炒めもの

動画でCHECK

《 材料・2人分 》

長ねぎ	2本
豚肩ロース肉（薄切り）	250g
塩	小さじ¼
こしょう	適量
にんにく（みじん切り）	小さじ1
しょうが（みじん切り）	小さじ1
サラダ油	適量

A（合わせ調味料）

酢	小さじ1
紹興酒	小さじ1
しょうゆ	小さじ1
柚子こしょう	小さじ1
オイスターソース	小さじ1
水	小さじ1

《 作り方 》

1 ねぎは5mm幅の斜め切りにし、ほぐしておく。

2 豚肩ロース肉は5cm幅に切り、塩、こしょうで下味をつける。

3 Aを合わせる。

4 フライパンにサラダ油適量を熱し、豚肉を強火で炒め、ほぐれたら取り出す。

豚肉は炒めすぎるとかたくなるので一度取り出す

5 4のフライパンにサラダ油小さじ1を加え、にんにくとしょうが、ねぎの半量を加えて、中火で香りが出るまで炒める。

6 豚肉を戻し入れて強火にし、3を2回に分けて加えて炒め、残りのねぎを加えてサッと炒める。

ねぎ半量はしっかり炒めて甘みを引き出す

中国料理・川﨑元太先生

たっぷりレシピ

「お肉も野菜もどっちも食べたい！」「おかずを一品で完成させたい」そんなときのイチオシレシピです♪

柚子こしょうがきいていて、ご飯と抜群に合います！

甘辛い味つけがたまらない！

なすと挽き肉の煮込み

動画でCHECK

《 材料・2人分 》

なす	2本
青ねぎ	2本
豚ひき肉	150g
しょうが（薄切り）	10g
サラダ油	適量
ごま油	小さじ1

A（豚ひき肉の味つけ）

酒	小さじ2
しょうゆ	小さじ2
甜麺醤 テンメンジャン	小さじ1

B（煮込み調味料）

酒	大さじ1
水	250㎖
しょうゆ	大さじ1
砂糖	小さじ1½
オイスターソース	小さじ1
こしょう	適量
水溶き片栗粉	大さじ1〜2

《 作り方 》

1 なすは皮をむいて2cm厚さの輪切りにする。青ねぎは斜め2cm幅に切り、白い部分と青い部分に分ける。

2 **A**を合わせる。

3 フライパンにサラダ油適量を熱し、豚ひき肉を強火で炒めてしっかり水分をとばす。

4 火を止めて**2**を入れ、中火で炒めてからめる。弱火にして、フライパンにたまった油の中で青ねぎの白い部分としょうがの薄切りを炒める。

5 **B**の酒、水、しょうゆ、砂糖、オイスターソース、こしょうを加えて強火で沸騰させる。なすを加えて落としぶたをし、中火で6〜7分煮る。

6 残りの青ねぎを加えて火を通す。水溶き片栗粉を2〜3回に分けて入れ、とろみをつける。強火で仕上げ、ごま油を加える。

栄養豊富な皮はむかなくてもよいが、やわらかく仕上げたいときはむいておく

とろみ加減を見ながら数回に分けて水溶き片栗粉を入れる

なすってこんなにとろとろになるんですね

中国料理・河野篤史先生

> 食べごたえがあって、
> 野菜もたっぷりでいいですね。
> コーラがほしくなります！

豚バラがピザに大変身！

豚肉のピザ仕立て

動画でCHECK

《 材料・2人分 》

豚バラ肉（薄切り）	10枚（250g）
トマト	1個
ピーマン	1個
ゆで卵	1個
玉ねぎ	20g
ピザ用チーズ	50g
オレガノ（乾）	少量
バージンオリーブ油	小さじ1
塩	小さじ½
こしょう	適量
タバスコ	適量

> 豚バラは
> 厚さや大きさが均一で
> 成形しやすいわよ〜

> 厚さや大きさがバラバラな
> 豚コマは炒めものに向きますぞ

《 作り方 》

1 トマトは5mm厚さの輪切り、玉ねぎは薄切りにする。ピーマンとゆで卵は5mm厚さの輪切りにする。

2 フライパンに塩の半量、こしょう適量をふり、豚肉を少しずつ重ねながら隙間がないように並べる。

3 玉ねぎ、トマト、ピーマン、ゆで卵をのせる。

4 全体に残りの塩とこしょうを適量ふり、チーズを散らして、オレガノ、バージンオリーブ油をふる。

5 4を強火にかけ、パチパチと音がしてきたら中火にしてふたをし、3分火を通す。

6 ふたを取り、余分な油と水分をペーパータオルで取りながら底面を焼き、焼き色がついたら器に盛り、タバスコを添える。

> 豚肉の脂やトマトの
> 水分を取りながら焼くと、
> きれいに仕上がる

オイスターソースの味つけで
いくらでもご飯食べられそう！
豚肉や牛肉も合いそうですね

食材3つでチャチャッとつくれる

鶏のオイスターソース

動画でCHECK

《 材料・2人分 》

鶏もも肉	1枚（250g）
ピーマン	2個
青ねぎ	2本
サラダ油	大さじ1

A（鶏肉の下味）

塩	小さじ⅓
酒	小さじ2
しょうゆ	小さじ⅓
こしょう	適量
片栗粉	小さじ1

B（炒め調味料）

酒	小さじ2
しょうゆ	小さじ1
オイスターソース	大さじ1
こしょう	適量
ごま油	小さじ1

《 作り方 》

1 ピーマンは種を取って一口大に切り、青ねぎは斜め3mm幅に切る。

2 鶏もも肉は筋を切り、縦に3等分に切って一口大のそぎ切りにし、**A**の塩、酒、しょうゆ、こしょうを混ぜ、片栗粉をまぶす。

鶏肉を切るとき、包丁を少し水で濡らすと切りやすい

3 **B**を合わせる。

4 フライパンにサラダ油大さじ1を熱し、ピーマンを中火で炒めて取り出す。

5 足りなければサラダ油適量を足し、鶏肉を皮目から入れて焼き、ピーマンを戻し入れ、青ねぎの白い部分を加える。

鶏肉は香ばしく焼き色をつけよう

6 **3**を加えて強火でからめ、残りの青ねぎを加えてサッと炒めて器に盛る。

動画でCHECK

肉も野菜も ● 鶏肉

しみしみ＆シャキシャキ！

鶏と野菜の ひんやりお浸し

甘じょっぱ＆もちもち！

とうもろこし入り 肉団子

動画でCHECK

《 材料・2人分 》

れんこん	100g	スイートコーン	120g
青ねぎ	1本	片栗粉	大さじ1½
鶏ひき肉	100g	サラダ油	小さじ2
塩	小さじ⅓	しょうゆ	小さじ1

《 作り方 》

1 れんこんは皮をむいてすりおろす。

2 青ねぎは5mm幅に切る。

3 鶏ひき肉と塩を混ぜ合わせる。れんこん、スイートコーン、片栗粉、青ねぎを加えて混ぜ、8等分して丸めて平ら（1.5cm厚さ）にする。

> あまり厚いと中まで火が通るのに時間がかかるので、1.5cm厚さ程度に

4 フライパンにサラダ油小さじ2を熱し、中火で片面3分ずつ焼く。

5 しょうゆを加えてからめ、器に盛る。

> 表面が固まるまで、あまり動かさずに焼こう

《 材料・2人分 》

		A（浸し地）	
鶏むね肉（皮なし）	½枚	だし	300ml
なす	1本	みりん	大さじ2⅔
れんこん	150g	しょうゆ	大さじ2
みょうが	4個	塩	小さじ½
ごま油	大さじ1		
かつお節（糸花がつお）	適量		

《 作り方 》

1 鶏むね肉は3mm厚さのそぎ切りにする。

2 なすは皮を縞にむいて1cm幅の輪切り、れんこんは皮をむいて5mm厚さの半月切りにして、水でサッと洗って水気を取る。みょうがは縦4つに切る。

3 フライパンにごま油を熱し、れんこんを中火で炒め、なすを加えて焼き色がつくまで炒める。

> 鶏肉は余熱で火を通すとやわらかくなる

4 みょうがを加えてサッと炒め、Aと鶏肉を加え、煮立ったら火を止める。

5 ボウルに移してラップを密着させ、粗熱が取れたら冷蔵庫で30分以上冷やす。器に盛り、かつお節をのせる。

> 1日おくとさらに味がしっかりしみる

フライパンでも味がしみしみ！

大根と牛すじの煮込み

動画でCHECK

《 材料・2人分 》

牛すじ	150g
大根	200g
パクチー	1株
しょうが（薄切り）	5g
すりごま（白）	大さじ½
サラダ油	小さじ2

A（煮込み調味料）

甜麺醤（テンメンジャン）	小さじ2
紹興酒	大さじ1
中華スープ	800mℓ
八角	1個
オイスターソース	小さじ1
砂糖	小さじ½
塩	少量

《 作り方 》

1 たっぷりの熱湯に牛すじを入れ、アクを取りながら30分ゆでる。水に落として洗い、水気を取って3cm角に切る。

2 大根は皮をむいて1cm厚さのいちょう切りにし、パクチーは1cm幅に切って茎と葉に分ける。

3 フライパンにサラダ油小さじ2を熱し、しょうがと大根を中火で炒める。

4 火を止めてAの甜麺醤を加え、弱火で炒め、紹興酒、中華スープ、牛すじ、八角を加えて強火で煮立て、アクを取る。

5 オイスターソース、砂糖を加え、落としぶたをして中火で20〜25分煮る。

6 少量の塩で味を調えて煮詰め、すりごま、パクチーの茎を加え、器に盛り、パクチーの葉を飾る。

事前に炒めると、味がしみ込みやすい

焦げやすい甜麺醤は火を止めてから入れる

大根も牛すじもやわらかくて味の濃さもちょうどいい♪

中国料理・河野篤史先生

野菜の歯ごたえと
牛肉のうまみが最高！

冷めてもおいしいので作り置きにも◎

牛肉の四川風きんぴら

動画でCHECK

《 材料・2人分 》

牛肉（切り落とし）	120g
ごぼう	50g
にんじん	50g
セロリ	50g
にんにく（みじん切り）	小さじ1
豆板醤 トウバンジャン	小さじ1
甜麺醤 テンメンジャン	大さじ1
しょうゆ	大さじ1
砂糖	小さじ1
酢	小さじ1
サラダ油	適量
花椒粉 ホワジャオフェン	適量

《 作り方 》

1 牛肉は1cm幅に切る。

2 ごぼう、にんじん、セロリは5cm長さ、3mm角の棒状に切る。

3 フライパンにサラダ油大さじ1を熱して牛肉を中火で炒める。

4 牛肉をフライパンの端に寄せ、サラダ油少量を足し、にんにく、豆板醤を加えて弱火で炒め、全体を混ぜる。

5 ごぼう、にんじんを加えて中火でしんなりするまで炒め、セロリを加えてサッと炒める。

6 酢を加えて全体を混ぜ、甜麺醤、しょうゆ、砂糖を加えて強火で炒める。器に盛り、花椒粉をかける。

野菜の細さを
均一にすると
おいしさUP

牛肉は水分を
とばすように
炒めよう

中国料理・川﨑元太先生

キャベツの甘さとトマトの酸味がベストマッチ

ロールキャベツ

ロールキャベツが重ならないサイズの鍋やフライパンを選びましょう

そうすると煮くずれしにくいですぞ～

動画でCHECK

《 材料・2人分 》

キャベツ	4枚
合いびき肉	120g
溶き卵	½個分
パン粉	10g
牛乳	大さじ2
トマトの水煮（カットタイプ）	150ml
ブイヨン	300ml
バター	10g
パセリ（みじん切り）	小さじ1
塩	適量
こしょう	適量

《 作り方 》

1 キャベツは洗って耐熱ボウルに入れ、ふんわりラップをかけて600Wの電子レンジで3分加熱する。

キャベツがやわらかくなるまで火を通す

2 パン粉と牛乳を合わせておく。

3 1のキャベツの芯をV字に切り、みじん切りにする。

4 ボウルに合いびき肉、キャベツの芯、溶き卵、塩小さじ½、こしょう適量、2を加えて混ぜ、4等分にしてキャベツで包む。

キャベツの巻き終わりを下にして並べると形がくずれにくい

5 鍋に4を並べ、トマトの水煮、ブイヨン、バターと、適量の塩、こしょうを加えて煮立て、ふたをして弱火で20分煮る。

6 器に盛って煮汁をかけ、パセリをふる。

チーズがなくても大満足！

じゃがいもとソーセージのグラタン

動画でCHECK

材料・2人分

じゃがいも（メークイン）	2個（300g）
ソーセージ	6本
牛乳	70㎖
バター	20g
卵黄（あれば）	1個
ミートソース	200g
バージンオリーブ油	大さじ1
塩	適量
黒こしょう	適量

作り方

1 じゃがいもは皮をむいて3〜4㎝角に切り、熱湯に約1％の塩（1ℓで10g）を加えてゆで、火が通ったらざるに上げる。

2 じゃがいもが熱いうちに鍋に戻して粗くつぶし、牛乳を2〜3回に分けて加え、バター、卵黄（あれば）、適量の黒こしょうを加えてしっかり混ぜる。

3 ソーセージは1㎝幅に切る。

4 フライパンにオリーブ油大さじ1を熱してソーセージを中火で炒め、ミートソースを加えて軽く煮る。

5 グラタン皿に**4**のソースを敷き、**2**をのせて広げ、トースターで焼き色をつける。

フォークで簡単につぶせるくらいしっかりゆでる

じゃがいものやわらかさを見ながら牛乳は少しずつ

じゃがいもとミートソースがからんでいてホントおいしい！

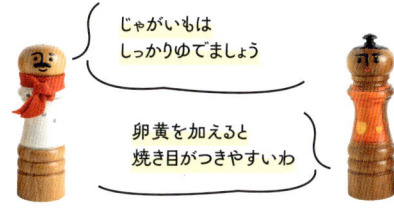

じゃがいもはしっかりゆでましょう

卵黄を加えると焼き目がつきやすいわ

西洋料理・紫藤慧先生

DAIGO のプロフ帳

本邦初！(?)　DAIGOさんのプロフ帳を公開します！

自己紹介　PROFILE

僕の名前は DAIGO！

誕生日は 4月8日 、出身は 東京都 です！

いまの目標は、娘のお弁当をひとりで作ること ！

台所の戦力になる ためにがんばってます♪

ここだけの話、いちばん自宅でリピートしている

番組の料理は「豚バラうまだれ」！

めちゃ作ってます。
娘も食べまくります！

MY FAVORITE 好きなもの

N S I
肉 寿司 アイス

MY NUMBER ONE 個人的ナンバーワン

No.1	飲み物	…	ウーロン茶
No.1	サラダ	…	チョレギサラダ
No.1	発酵食品	…	納豆

FOR TEACHERS みんなへひとこと！

川崎先生へ
最年少なのに
落ち着いていて心強いです！
カラオケ行きましょう！

長谷川先生へ
最近、長谷川先生
ワールドが心地よいです！
トレンディな髪型も最高です。

大西先生へ
テキパキと料理をする
スピード感がすごい！
頼もしいです！

河野先生へ
お酒の話が一番
楽しそうですが、
料理も楽しそうです!!

紫藤先生へ
冷酷な目の奥に
燃えたぎる情熱を感じます！
カッコいいです！

簾先生へ
ミスをしない簾先生。
ユーモラスで楽しいです!!

山本ゆりさんへ
数々のヒット作を
だしてる発明家!!
リスペクトしかありません！

がっつりいける！ お肉のレシピ

「今日はがっつりお肉が食べたい！」「お肉がお得に手に入った！」そんなときのイチオシレシピです♪

ご飯と一緒にモリモリ食べたい

豚肉の味噌焼き

動画でCHECK

《 材料・2人分 》

豚肩ロース肉（しょうが焼き用）
　　　　　　　　　　　　　　　　 300g
キャベツ ……………………………… 100g
ミニトマト ………………………………… 2個
サラダ油 ………………………… 大さじ½
A（味噌だれ）
┌ 味噌 ……………………………… 大さじ2
│ みりん …………………………… 大さじ½
│ はちみつ ………………………… 大さじ½
│ 酒 ………………………………… 大さじ4
└ 柚子こしょう ………………… 小さじ½

《 作り方 》

1 キャベツはせん切りにし、冷水につけてシャキッとさせて水気をきっておく。

2 ボウルにAを合わせてよく混ぜる。

3 フライパンにサラダ油を熱して豚肩ロース肉を中火で炒め、焼き色がついたら取り出す。

4 フライパンの底をぬれ布巾に当てて冷ます。2を加えて火にかけ、とろみがつくまで煮詰め、豚肉を戻し入れて強火でからめる。

5 器にキャベツ、ミニトマトとともに豚肉を盛る。

味がしっかりしてるから絶対ご飯に合います！

外はカリッと、中はジューシー！

ウスターソースの酢豚

動画でCHECK

《 材料・2人分 》

豚肩ロース肉（とんかつ用）
……………………………… 300g
長ねぎ …………………… ⅓本
片栗粉 ………………… 大さじ6
揚げ油 …………………… 適量

A（豚肉の下味）
塩 ……………………… 小さじ⅓
こしょう …………………… 適量
酒 ……………………… 小さじ2
しょうゆ ………………… 小さじ1
水 ……………………… 大さじ2

B（味つけ調味料）
砂糖 …………………… 大さじ4
酢 ……………………… 大さじ3
ウスターソース ………… 大さじ5
レモン汁 ………………… 小さじ2
にんにく（みじん切り）
……………………………… 小さじ1

《 作り方 》

1 豚肩ロース肉は筋切りをし、1.5cm角に切ってボウルに入れる。Aを加えてよくもみ込み、片栗粉をからめる。

2 揚げ油を170℃に熱し、豚肉の形を整えて入れ、3〜4分揚げる。

3 ねぎは縦に切り込みを入れて芯を取り除き、斜め細切りにしたあと、水に5分ほどさらし、水気を取る。

4 Bの砂糖、酢、ウスターソース、レモン汁を混ぜ合わせ、にんにくを合わせる。

5 2を強火にして揚げ油の温度を上げ、豚肉を取り出す。

6 フライパンに4を入れて強火で混ぜながら煮詰める。煮詰まってきたら5を加えてからめる。器に盛り、3をのせる。

おうちでキャンプ気分を味わえる

BBQスペアリブ

動画でCHECK

《 材料・2人分 》

豚スペアリブ …………… 600g
水 …………………………… 1ℓ
塩 ……………………… 小さじ1
長ねぎの青い部分 …… 1本分
しょうがの皮 ……………… 3g
サラダ菜 ………………… 2枚
ミニトマト ………………… 2個

A（肉のソース）
トマトケチャップ …… 大さじ3
しょうゆ ………………… 大さじ1
いちごジャム …………… 大さじ1
おろししょうが ………… 小さじ2
おろしにんにく ………… 小さじ½
塩 ……………………… 小さじ½
カレー粉 ………………… 小さじ½

《 作り方 》

1 鍋にスペアリブ、分量の水、塩、長ねぎの青い部分、しょうがの皮を入れて、アクが出てくるまで強火にかける。

うまみたっぷりのゆで汁はスープに！

2 1のアクを取り除き、弱火で30分火を通す。

3 袋にAを入れて混ぜる。

4 スペアリブを取り出し、熱いうちに3に入れてもみ、30分おいて粗熱を取る（30分以上おく場合は冷蔵庫に入れる）。

温かいうちにもんで味をしっかり入れよう

5 スペアリブを魚焼きグリルに並べて強火で表面に焼き色をつけ、サラダ菜、半分に切ったミニトマトを添えて器に盛りつける。

揚げ玉衣の食感がたのしい
ざくざくポーク

動画でCHECK

《 材料・2人分 》

豚ロース肉（しょうが焼き用）		ベビーリーフ	30g
	6枚（240g）	好みのドレッシング	適量
卵	1個	レモン（くし形切り）	2切れ
小麦粉	30g	塩	適量
揚げ玉	60g	こしょう	適量
		黒こしょう	適量
		バージンオリーブ油	大さじ3

《 作り方 》

1 卵を溶きほぐし、小麦粉と塩、こしょうを加え、しっかり混ぜて練り衣を作る。

2 豚肉の片面に塩、黒こしょうをふり、脂身が交互になるように3枚重ね、形を整える。

薄切り肉を重ねるので熱が通りやすく、歯切れよく仕上がる

3 1の練り衣、揚げ玉の順につけて押さえる。

4 フライパンにオリーブ油を熱し、3を入れて中火で両面を2〜3分ずつ焼く。

揚げ玉の代わりに柿の種やコーンフレークをつぶして使ってもおいしい

5 器に4とベビーリーフを盛り、ベビーリーフに好みのドレッシングをかけ、レモンを添える。

動画でCHECK

憧れのあの味をおうちで再現！
レジ横チキン

《 材料・2人分 》

		A（下味）	
鶏もも肉	1枚（350g）	水	大さじ2
小麦粉	大さじ3	しょうゆ	大さじ1
片栗粉	大さじ5	おろしにんにく	小さじ$\frac{1}{8}$
顆粒鶏ガラスープの素		（チューブの場合1cm）	
	小さじ1	おろししょうが	小さじ$\frac{1}{8}$
黒こしょう（粗びき）	小さじ$\frac{1}{2}$	（チューブの場合1cm）	
サラダ油	適量	塩	小さじ$\frac{1}{2}$
		砂糖	小さじ$\frac{1}{2}$
		ごま油	小さじ2

《 作り方 》

1 鶏もも肉は4等分に切って、浅く切り込みを入れる。

2 袋に鶏肉とAを入れてよくもみ込み、冷蔵庫に15分以上入れて下味をつける。

3 別の袋に片栗粉、鶏ガラスープの素、黒こしょうを合わせる。

片栗粉を使うと衣がザクザクした食感に！

4 2に小麦粉を入れてもみ込み、鶏肉を3の袋に移して、しっかり粉をまぶす。

5 フライパンに5mmほどサラダ油を入れて弱〜中火で熱し、皮目を下にして鶏肉を入れて3〜4分揚げ焼きにする。裏返してさらに2分揚げ焼きにし、油をきる。

鶏肉をフライパンに入れたら裏面が固まるまで触らない！

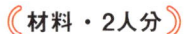

まとめ買いの鶏ももが、ごちそうに変身

鶏のガーリック焼き

皮はパリッと、中はふっくら！

動画でCHECK

《 材料・2人分 》

鶏もも肉	2枚（550〜600g）
はちみつ	小さじ1
マスタード（粗びき）	大さじ2
オイスターソース	小さじ2
ベビーリーフ	適量
好みのドレッシング	適量

A（鶏肉の下味）

おろしにんにく	小さじ½
黒こしょう（粗びき）	小さじ½
塩	小さじ1
しょうゆ	小さじ1
オイスターソース	大さじ½

《 作り方 》

1 **A**を合わせる。

2 鶏もも肉は厚さが均一になるよう切り開いてから筋切りをし、皮を下にして身のほうに**1**を塗って30分おく。

たれがはみ出ると焦げやすいので、端には塗らない

3 フライパンに**2**を皮目を下にして入れ、上から重しをして火にかける。押さえながら中〜弱火で6分、裏返して2分焼く。

4 はちみつ、マスタード、オイスターソースを混ぜ合わせる。

5 **3**を一口大のそぎ切りにして器に盛る。ベビーリーフを盛ってドレッシングをかけ、**4**を添える。

水を入れたボウルなどで重しをしながら焼くと、均一に火が通る

中国料理・河野篤史先生

ぷりぷりしてジューシーでヘルシー
ささみ明太ハンバーグ

動画でCHECK

《 材料・2人分 》

ささみ	240g	塩	小さじ⅓
辛子明太子	30g	片栗粉	大さじ½
青じそ	3枚	サラダ菜	2枚
溶き卵	½個分	バージンオリーブ油	適量
マヨネーズ	大さじ½	サラダ油	適量

《 作り方 》

1 辛子明太子は薄皮に切り込みを入れ、包丁の背でこそげ取る。青じそはせん切りにする。

2 ささみは筋を取り、厚みを半分に切って細切りにする。

3 ボウルに1、2、溶き卵、マヨネーズ、塩、片栗粉を混ぜ、6等分にして、手にサラダ油を塗って円形に整える。

4 フライパンにオリーブ油適量を中火で熱する。3を並べて弱火で両面を2分30秒ずつ焼き、サラダ菜とともに盛る。

> マヨネーズで油分を補い片栗粉で水分をとじ込める

> 弱火でじっくり焼くとパサつかずジューシーに！

しょうがが効いて、お店の味に！
手羽のジンジャーソテー

動画でCHECK

《 材料・2人分 》

しょうが	20g	レモン（くし形切り）	適量
トマト	1個	サラダ油	適量
手羽中（半分に切ったもの）		小麦粉	適量
	24本	塩	適量
バター	60g	こしょう	適量
パセリ（みじん切り）	大さじ1		

《 作り方 》

1 しょうがは皮ごとみじん切りにし、トマトは種を取り除いて角切りにする。

2 手羽中に塩、こしょうをして小麦粉をまぶす。

3 フライパンに少し多めのサラダ油を熱し、2を中火で焼く。香ばしい色がついたら取り出し、油を捨てる。

4 3のフライパンにバターを入れて中火で熱し、薄く色づいたら手羽中を戻し入れる。

5 しょうが、パセリを加えてからませ、さらにトマトを加えて和える。器に盛り、レモンを添える。

> しょうがは香りを出すために皮のままで

> バターが細かく泡立って薄く色づいてから手羽中を戻すとべたつかない

噛めば噛むほど
牛肉のうまみを感じます！

梅じそソースがおいしいごちそう

牛肉のさっぱりたたき

動画でCHECK

材料・2人分

牛もも肉（2.5cm厚さ）	2枚（300g）
玉ねぎ	½個（100g）
水菜	50g
塩	適量
黒こしょう	適量
サラダ油	大さじ1

A（梅じそソース）

トマト	1個（150g）
玉ねぎ	½個（100g）
青じそ	5枚
梅肉	30g
塩	小さじ⅓

作り方

1 梅じそソースを作る。Aのトマトは5mm角、玉ねぎはみじん切り、青じそは粗みじん切りにする。

2 1をボウルに入れ、Aの梅肉、塩を加えて混ぜ合わせる。ラップをかけて冷蔵庫に15分入れる。

3 常温においてもどした牛もも肉に塩、黒こしょうをふる。

4 フライパンにサラダ油を熱して3を入れ、強火で全体に焼き色をつける。取り出してアルミホイルをかぶせ、3～4分おく。

5 玉ねぎは繊維に逆らって薄切りにし、水菜は4cm長さに切る。水につけて混ぜ合わせ、水気をきる。

6 牛肉を5mm厚さに切り、5を敷いた器に盛りつけ、2をかける。

ソースは焼き魚やそうめんにも合うので多めに作っても◎

焼いた時間のぶん肉を休ませよう

牛肉のやわらかビール煮

ちょっとだけ残ったビールを活用！

動画でCHECK

牛肉の甘辛炒め

ピリッと甘辛でご飯がすすむ

動画でCHECK

《 材料・2人分 》

牛バラ肉（薄切り）
………… 20枚（400g）
玉ねぎ ……………… 100g
砂糖 ……………… 小さじ2
バター ……………… 20g
ビール ……………… 200ml
ブイヨン …………… 100ml

トマトの水煮（カットタイプ）
………………………… 60g
マスタード ……… 大さじ⅔
塩 ………………… 適量
こしょう ………… 適量
小麦粉 …………… 適量
サラダ油 ………… 適量

《 作り方 》

1 玉ねぎは薄切りにする。

2 牛バラ肉に軽く塩、こしょう、小麦粉をまぶす。2枚ずつ重ねて丸めて押さえる。

> 2枚の肉を少しずらして重ね、三角に折るように巻くときれいにまとまる

3 フライパンにサラダ油適量を熱し、中火で牛肉の表面に焼き色をつける。取り出し、焼き油をふき取る。

4 3のフライパンにバターを溶かし、玉ねぎと砂糖を加えて薄く色づくまで中火で2～3分炒める。小麦粉大さじ½を加えて弱火で炒める。

5 ビールを加えてアルコール分をとばす。ブイヨン、トマトの水煮、塩小さじ½を加えて牛肉を戻し入れ、中火で8分煮る。

> 砂糖を加えると、玉ねぎが飴色になるのが早い

6 火を止めてマスタードを混ぜ、器に盛る。

《 材料・2人分 》

牛肉（切り落とし） …… 150g
れんこん ……………… 80g
青ねぎ ……………… 1本
豆板醬（トウバンジャン）
………………… 小さじ1
甜麺醬（テンメンジャン）
………………… 小さじ2

しょうゆ ………… 大さじ1
砂糖 …………… 小さじ½
いりごま（白） …… 大さじ1
サラダ油 ………… 適量

《 作り方 》

1 れんこんは皮をむき、2mm厚さの半月切りにし、青ねぎは斜め3mm幅に切る。

2 フライパンにサラダ油小さじ1を熱し、れんこんを強火でサッと炒め、牛肉を加えて炒めて、取り出す。

> れんこんの食感を残すため、炒めすぎないように一度取り出そう

3 フライパンをふいてサラダ油適量を入れ、豆板醬、甜麺醬を弱火で炒め、しょうゆ、砂糖、いりごまを加えて軽く炒める。

4 2を戻し入れ、強火でしっかり炒め、青ねぎを加えてサッと炒め、器に盛る。

> 豆板醬と甜麺醬は炒めると風味がUP

ぼくでもできた！

番組で教えてもらった料理、家でもつくって復習してます！ その一部をご紹介♪

レシピはこちら

辻調の長谷川先生に習った
「夏のかき揚げ」

なんとか、粉々にならずに
揚げることができました！
「天ぷらDAIGO」の
お店を出せるかも…！

山本ゆりさんに習った
「ハッシュド
ブロッコリー」

ハッシュドシリーズ、
DAIGO家でもやってます！
娘もお気に入り！
どんどん上達しています。
→P56 をCHECK

レシピはこちら

辻調の川﨑先生に習った
「たけのこと
キャベツの春巻き」

「巻きのDAIGO」の腕、
発揮してます。
盛りつけでは断面も見せます！

海の幸を食べたい！ 魚介レシピ

「たまには魚を食べたい」「お肉以外の主菜のレパートリーを増やしたい！」そんなときのイチオシレシピです♪

魚のクセが一切なくて、100歳になっても食べられそうなやわらかさ！

短時間でこのおいしさ！
かれいのさっと煮

材料・2人分

かれい	4切れ
焼き豆腐	120g
青ねぎ	2本
しょうが	20g
A（煮汁）	
┌ 水	250㎖
│ 酒	150㎖
│ みりん	80㎖
│ しょうゆ	80㎖
└ 砂糖	大さじ1½

作り方

1 ボウルにかれいを入れ、約80℃の湯を加えて表面が白っぽくなったら湯を捨てる。

2 水を加えて、かれいのぬめりやうろこなどを取り除き、水気を取る。

3 焼き豆腐は一口大に、青ねぎは5cm長さに切る。しょうがは半分を薄切りに、半分はせん切りにし、水でさっと洗う。

4 フライパンにA、しょうがの薄切りを入れて強火で煮立て、かれい、焼き豆腐を加えて落としぶたをし、中火で7分煮る。

5 青ねぎを加えてサッと火を通し、器に盛り、しょうがのせん切りをのせる。

動画でCHECK

ひと手間で人生最高のさば味噌が！

さばの味噌煮

動画でCHECK

《 材料・2人分 》

さば（三枚おろし）	2枚（300g）
しょうが（薄切り）	10g
青ねぎ（5cm長さに切る）	3本

A（煮汁）

酒	200mℓ
水	200mℓ
砂糖	大さじ2
赤だし用みそ	60g

いままで食べたさば味噌で
一番おいしいかもしれない！
さばの臭みをまったく感じません

《 作り方 》

1 さばは腹骨をそぎ取り、血合い骨を抜いて、1枚を3等分に切り、ボウルに入れる。

2 さばを霜降りにする。熱湯に差し水をして90℃くらいにし、さばが浸かるまで注ぎ、表面が白くなったら水に落とし、ぬめりを取って水気を取る。

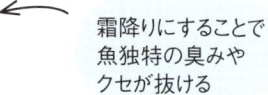
霜降りにすることで
魚独特の臭みや
クセが抜ける

3 鍋にAの酒、水、皮目を上にしたさば、しょうがを入れ、落としぶたをして強火にかける。煮立ったらアクを取り除き、中火で3分煮る。

4 Aの砂糖、赤だし用みそを少量の煮汁で溶いて3に加え、落としぶたをしてさらに中火で5分煮る。

落としぶたがなければ
アルミホイルなどでも
代用OK

5 青ねぎを加えて1分煮て、さばを器に盛り、青ねぎを添える。

日本料理・長谷川晃先生

> 衣はカリッと香ばしくて
> あじの身はふわふわ！
> これはやられました

衣はカリッと、あじの身ふわふわ

アジの香味パン粉焼き

動画でCHECK

《 材料・2人分 》

あじ（三枚おろし）	2枚（180g）
パン粉	25g
パルメザンチーズ（粉）	小さじ2
ガーリックパウダー	小さじ⅔
塩	適量
黒こしょう	適量
溶き卵	1個分
バージンオリーブ油	適量
レタス（つけあわせ）	適量

☆タルタルソース
（作りやすい分量／下記を混ぜ合わせる）

マヨネーズ	80g
玉ねぎ（みじん切り）	15g
ピクルス（みじん切り）	15g
パセリ（みじん切り）	大さじ2
シブレット（小口切り）	大さじ½
ゆで卵（つぶす）	2個

《 作り方 》

1 パン粉に、パルメザンチーズ、ガーリックパウダーを混ぜ合わせる。

2 あじの両面に塩、黒こしょうをふる。皮目だけに溶き卵、1のパン粉をまぶし、もう一度、溶き卵、パン粉の順にまぶしてしっかり押さえる。

→ 2回まぶして
衣を厚くし、
歯ごたえを出そう

3 フライパンに多めのオリーブ油を熱する。あじのパン粉がついた面を下にして入れ、中火でときどきゆすりながら2分焼く。

ゆすってフライパンの
温度を均一に保つと
仕上がりも均一に

4 色づいたら裏返し、弱火で2分焼いて火を通す。

5 器にレタス、あじ、タルタルソースを盛る。

漬け時間10分でおいしさ凝縮

マグロの漬け丼

動画でCHECK

フライパンでチャチャッと作れる

鮭の バターポン酢

動画でCHECK

《 材料・2人分 》

キハダマグロ（刺身用さく）		ご飯	適量
	200g	塩	小さじ1
きゅうり	1本		
青じそ	5枚	A（漬け地）	
もみのり	適量	┌ 酒	大さじ2
おろしわさび	適量	│ みりん	大さじ2
いりごま（白）	大さじ1	└ しょうゆ	大さじ4

《 作り方 》

1 キハダマグロは1cm厚さのそぎ切りにし、**A**を合わせたボウルに入れる。ラップを密着させて10分漬ける。

> 漬けにすると余分な水分が抜けてうまみが凝縮する

2 きゅうりは縦半分に切って種を取り、斜め薄切りにする。塩をふり、もんで5分おき、水で洗って水分を絞る。

> さくのままなら20〜30分を目安に

3 青じそはせん切りにする。

4 1のマグロをペーパータオルに取り出す。

5 器にご飯を盛り、きゅうり、もみのりを散らし、マグロを並べる。1の漬け地を少量かけ、青じそ、わさびをのせ、いりごまを散らす。

> 余ったマグロは、竜田揚げやフライにしてもおいしい

《 材料・2人分 》

さけ	300g	バター	10g
えのきだけ	60g	塩	適量
パプリカ（赤）	½個	黒こしょう	適量
青ねぎ	2本	小麦粉	適量
ぽん酢	大さじ5	サラダ油	適量

《 作り方 》

1 えのきだけは半分に切って粗めにほぐし、パプリカは一口大に切り、青ねぎは斜め薄切りにする。

2 さけは一口大に切り、塩、黒こしょうをふり、小麦粉をまぶす。

> 小麦粉をまぶしてパリッと焼くと、調味料のからみがよくなる

3 フライパンにサラダ油適量を熱し、さけに中火で焼き色をつけ、裏返してパプリカ、えのきだけを加えて焼く。

4 3のフライパンをぬれ布巾の上において粗熱を取る。ぽん酢、バターを加えて中火にかけ、煮詰めて全体にからめる。

> 粗熱を取ることで、ぽん酢がすぐに蒸発するのを防げる

5 器に盛り、青ねぎをのせる。

おうちで揚げたてを食べられる！

かきフライ

動画でCHECK

パン粉のカリカリ具合も最高！
衣の塩気が絶妙ですね

《 材料・2人分 》

かき（加熱用）	10個
塩	小さじ1
片栗粉	小さじ1
小麦粉	適量
パン粉	適量
揚げ油	適量
タルタルソース（P29参照）	適量

つけあわせ
キャベツ（せん切り）	50g
レモン（くし形切り）	2切れ

A（練り衣）
卵	1個
小麦粉	大さじ2
塩	適量
こしょう	適量

《 作り方 》

1 かきは塩をふって軽くもみ、片栗粉を加えて軽くもむ。

2 たっぷりの水で手早く洗い、水気をよく取る。

かきが水を吸うと味が落ちるので、素早く洗おう

3 Aをなめらかになるまで混ぜ合わせて練り衣を作る。

4 かきに小麦粉、練り衣、パン粉を順につけ、180℃の揚げ油で揚げる。

小さいかきは2個一緒にして衣をつけると立派なかきフライに！

5 器にキャベツ、かきフライ、タルタルソースを盛り、レモンを添える。

西洋料理・大西章仁先生

薄い衣がサクサクでお店クオリティ

いかの天ぷら

動画でCHECK

《 材料・2人分 》

するめいか（さばいたもの）	1杯（300g）
ししとう	6本
小麦粉	適量
揚げ油	適量

A（天ぷら衣）

冷水	200㎖
卵黄	1個
小麦粉	100g
片栗粉	30g

B（天つゆ）

だし	200㎖
みりん	50㎖
しょうゆ	50㎖

《 作り方 》

1 するめいかは、胴は両面に斜めに2mm幅に切り込みを入れ、4cm長さ、2cm幅の短冊切りにする。足は2本ずつに切り分ける。

2 ししとうは軸を切り落とし、竹串で1カ所穴を開ける。

3 ボウルにAの冷水、卵黄を合わせ、小麦粉と片栗粉をそれぞれふるい入れ、軽く混ぜ合わせる。

4 いかとししとうに薄く小麦粉をまぶして3の衣をつけ、175℃の揚げ油で揚げる。

5 鍋にBを合わせて煮立てる。4を器に盛り、天つゆを添える。

＜いかのさばき方＞

❶ 耳のつけ根をつまみ上げて胴から引きはがし、包丁で切り離す。

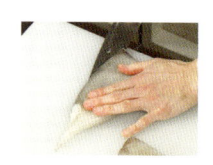

❷ 胴の中に包丁を差し込んで、そのまま横に切り開く。

❸ 頭と胴がくっついていたかたい部分を切り取る。

衣に粘りが出るとサクッと揚がらないので混ぜすぎないこと

日本料理・長谷川晃先生

冷凍食品で！凝った風なのに簡単
シーフードの オムライス風

動画でCHECK

《 材料・2人分 》

ご飯	150g	塩	適量
シーフードミックス（冷凍）		こしょう	適量
	100g	サラダ油	適量
バター	20g	トマトケチャップ	適量
白ワイン	大さじ1		
卵	4個	A（塩水）	
パルメザンチーズ（粉）		┌ 水	200㎖
	大さじ2	└ 塩	6g

《 作り方 》

1 シーフードミックスは**A**に30分つけて解凍し、水気をしっかり取る。

> 真水より 塩水のほうが 風味がいきる

2 フライパンにバター半量を熱し、**1**をサッと炒め、白ワインを加えて煮詰める。ご飯を加えて塩、こしょうで味を調える。

3 ボウルに卵を割り入れ、塩、こしょう、パルメザンチーズを加えて溶きほぐす。

4 1人分ずつ作る。フライパンにバターとサラダ油適量を熱して**3**の半量を入れ、大きく混ぜて、半熟状になったら火を止める。

> 余熱で火が通るので 半熟状になったらOK

5 卵の上に**2**の半量をのせて器に返して盛り、トマトケチャップをかける。

さっぱりおいしくてカロリーもおさえめ
ヨーグルトで さっぱりエビマヨ

動画でCHECK

《 材料・2人分 》

むきえび	14尾	A（ソース）	
天ぷら粉	50g	┌ ヨーグルト	50g
水	60㎖	りんご酢	大さじ½
塩	適量	トマトケチャップ	大さじ1
こしょう	適量	はちみつ	小さじ⅓
揚げ油	適量	おろしにんにく	小さじ¼
サラダ菜	適量	塩	小さじ⅓
		└ こしょう	適量

《 作り方 》

1 むきえびは背わたを取る。

2 **A**をしっかり混ぜる。

> ヨーグルトに酢を加えて 混ぜると分離するので、 すべての材料を 合わせてから混ぜる

3 天ぷら粉と分量の水を混ぜて衣を作る。

4 えびに塩、こしょうをして**3**をたっぷりつけ、180℃の揚げ油で2分揚げる。

> 加糖のヨーグルトを 使う場合ははちみつを 減らすか、塩を少し増やす

5 器に**2**のソースとサラダ菜、**4**を盛る。

山本ゆり さんの サッと！パパッと！ **簡単**

もやしたっぷりでお手ごろ！

豚もやしロール

動画でCHECK

《 材料・2人分 》

豚バラ肉（薄切り）
 ────── 10枚（約250g）
もやし ────────── 250g
塩 ──────────── 適量
こしょう ───────── 適量
（お好みで）万能ねぎ（小口切り）
 ────────── 適量
（お好みで）いりごま（白・黒）
 ────────── 適量

A（たれ）
┌ 砂糖 ───────── 小さじ1
│ 顆粒鶏ガラスープの素
│ ───────── 小さじ1
│ ごま油 ──────── 小さじ1
│ ぽん酢 ──────── 大さじ1
│ しょうゆ ─────── 大さじ1
│ おろしにんにく
└ ── 少量（チューブの場合1cm）

《 作り方 》

1 豚バラ肉にもやしをのせて巻き、
  塩、こしょうをし、巻き終わりを下
  にして耐熱皿に並べる。

  巻き終わりを下に
  しておくと形が
  くずれにくい

2 両端をあけてラップをかけ、
  600Wの電子レンジで7分加熱
  する。

  巻く時間がないときは
  もやしに豚肉をかぶせて
  チンしてもOK

3 **A**を混ぜ合わせる。

4 **2**を器に盛って**3**のたれをかけ、
  お好みで万能ねぎと白と黒のい
  りごまをふる。

  生っぽい場合は、
  裏返して追加で
  加熱しよう

レシピ

「時間をかけずにすぐ作りたい…」
「やる気が出ないけどおいしいものが食べたい！」
そんなときのイチオシレシピです♪

ゆでたスパゲッティやご飯とまぜてもおいしい！

肉団子のトマト煮

動画でCHECK

《 材料・2人分 》

合いびき肉	300g
パン粉	大さじ6
水	大さじ3
マヨネーズ	大さじ1½
塩	ひとつまみ
こしょう	適量
トマトの水煮（カットタイプ）	200g（½缶）
砂糖	小さじ2
ウスターソース	小さじ2
顆粒コンソメスープの素	小さじ1
ドライパセリ	適量
パルメザンチーズ（粉）	適量

お肉から出た
脂は気にしない！

できたては水分多めですが、
少し冷めると
とろっとなりますぞ

《 作り方 》

1 袋に合いびき肉、パン粉、水、マヨネーズ、塩、こしょうを入れ、よくもんで混ぜる。

2 耐熱ボウルにトマトの水煮、砂糖、ウスターソース、顆粒コンソメを入れて混ぜ、1を14等分に丸めて入れ、両端をあけてラップをかけ、600Wの電子レンジで5分加熱する。

3 電子レンジから取り出して肉団子を裏返し、ラップをかけずに600Wの電子レンジで4分加熱する。

4 3をよく混ぜて器に盛り、ドライパセリと粉チーズをふる。

マヨネーズは
卵の代わりです

肉団子は縮むので
少し大きめに

返し忘れがないよう
気をつけて！

山本ゆり先生

切って重ねてチンするだけ！

豚バラとなすのチン

動画でCHECK

おいしいですね！
なすもやわらかいし
たれも完ペキ！

《 材料・2人分 》

豚バラ肉（薄切り）	150g
なす	2本（200g）
青ねぎ	2本
塩	少量
こしょう	適量
酒	大さじ2

A（ぽん酢たれ）

砂糖	大さじ½
ぽん酢	大さじ3
ごま油	小さじ½
おろししょうが	小さじ¼（チューブの場合2㎝）

B（ごまマヨたれ）

すりごま（白）	大さじ1
めんつゆ（濃縮2倍）	大さじ1
マヨネーズ	大さじ2
砂糖	ひとつまみ

《 作り方 》

1 豚バラ肉は4㎝幅に切り、なすは5㎜厚さの輪切りにし、青ねぎは小口切りにする。

2 耐熱の皿になすと豚肉を交互に並べる。

3 2に塩、こしょう、酒をかけ、両端をあけてラップをかけ、600Wの電子レンジで5分加熱する。

4 Aの材料を混ぜる。Bの材料を混ぜる。

5 3に青ねぎを散らし、4を添える。

なすに豚の脂と
お酒を吸わせよう

ゆりさん自身のリピート率No.1レシピ！

レンジで簡単キーマカレー

動画でCHECK

即席ピクルス

《 材料・2人分 》

合いびき肉 ……………………… 150g
玉ねぎ …………………………… ¼個（50g）
にんじん ………………………… ⅓本（50g）
カレールウ ……………………… 2片（約40g）
ウスターソース ………………… 大さじ1
トマトケチャップ ……………… 大さじ1
おろししょうが
　………… 小さじ½（チューブの場合4cm）
おろしにんにく
　………… 小さじ½（チューブの場合4cm）
水 ………………………………… 160㎖
ご飯 ……………………………… 適量
ドライパセリ …………………… 適量

☆即席ピクルス
　┌ キャベツ ……………………… 50g
　│ きゅうり ……………………… ½本
　│ にんじん ……………………… 1cm
　└ 調味酢 ………………………… 大さじ3

《 作り方 》

1 玉ねぎとにんじんはみじん切りにする。

2 耐熱ボウルに合いびき肉、1、カレールウ、ウスターソース、トマトケチャップ、おろししょうが、おろしにんにく、分量の水を入れて軽く混ぜ、両端をあけてラップをかけ、600Wの電子レンジで12分加熱する。

3 即席ピクルスを作る。キャベツは小さめのざく切り、きゅうりは2mm厚さに切り、にんじんは薄い短冊切りにして袋に入れ、調味酢を入れてもむ。

4 2を取り出し、泡立て器でよく混ぜほぐし、ルウを溶かす。器にご飯を盛ってキーマカレーをかけ、ドライパセリをふる。3の即席ピクルスを器に盛って添える。

みじん切りにして
ルウにからめるので
にんじんは皮つきでもOK

カレールウが
焦げないように
具の中にしずめよう

野菜から出た水分が
コクになるわよ〜

残ったカレーは
パンにのせて焼いても
おいしいですぞ

甘辛いそぼろとマヨソースがマッチ！

かぼちゃそぼろのマヨソース

動画でCHECK

《 材料・2人分 》

かぼちゃ ……… 約200g（⅛個）	しょうゆ …………………… 小さじ2
※じゃがいもやさつまいもで作ってもおいしい	水 ………………………… 大さじ4
合いびき肉 ………………… 80g	A（マヨソース）
片栗粉 ……………… 小さじ1	┌ 砂糖 ……………… 小さじ½
砂糖 ……………… 小さじ2	│ マヨネーズ ………… 大さじ1
	└ レモン汁 ………… 小さじ1

《 作り方 》

1 かぼちゃは種とわたを取って3〜4cm角に切る。

> レンジで1〜2分加熱すると切りやすい

2 耐熱容器に合いびき肉、片栗粉を入れて絡める。砂糖、しょうゆ、水を入れて混ぜる。

3 2にかぼちゃの皮を下にしてのせ、ラップをかけて600Wの電子レンジで7分（1で加熱した場合は6分）加熱する。

> ターンテーブルのレンジなら皮を上に

4 Aを混ぜ合わせる。

5 3を取り出し、混ぜて器に盛り、4をかける。

> 煮崩れしないよう、箸ではなくゴムベラなどで！

家に食材がないときでも作れる！

のりバターパスタ

動画でCHECK

《 材料・2人分 》

スパゲッティ（5〜7分ゆで） ………………………… 200g	バター ………………… 20g
焼きのり（全形）………… 2枚	※バターはごま油で代用してもおいしい
水 ……………… 550mℓ	万能ねぎ（小口切り）… 適量
オリーブ油 ………… 小さじ2	
おろしにんにく …… 小さじ½	☆キャベツとコーンのスープ
（チューブの場合4cm）	┌ キャベツ ……………… 1枚
顆粒和風だしの素 … 小さじ2	│ スイートコーン …… 大さじ2
しょうゆ …………… 小さじ2	│ 水 ……………… 400mℓ
塩 …………………… 適量	│ 顆粒鶏ガラスープの素
こしょう …………… 適量	│ ………………… 小さじ2
	└ 黒こしょう（粗びき）… 適量

《 作り方 》

1 耐熱容器にスパゲッティを半分に折って入れ、焼きのりをちぎって加え、分量の水、塩ふたつまみ、オリーブ油、にんにくを加えて600Wの電子レンジで袋の表示時間＋5分加熱する。

2 ☆のスープを作る。キャベツは小さめのざく切りにし、分量の水、鶏ガラスープの素、スイートコーンとともに鍋に入れ、ふたをして火にかける。煮立ってきたら中火で3〜4分煮る。

3 1をレンジから取り出し、和風だしの素、しょうゆを加えて混ぜ、塩、こしょうで味を調える。

4 2のスープを器に盛って黒こしょうをふる。別の器にパスタを盛ってバターをのせ、万能ねぎを散らす。

野菜がたっぷり食べられる！

キャベツと豚肉のもつ鍋風

動画でCHECK

〔 材料・2人分 〕

キャベツ	¼個（300g）
豚バラ肉（薄切り）	200g
にら	½束
にんにく	2片
顆粒鶏ガラスープの素	大さじ1
みそ	大さじ1
しょうゆ	大さじ1
みりん	大さじ1
水	600㎖
赤唐辛子（輪切り）	適量
塩	適量
こしょう	適量
ごま油	適量
すりごま（白）	適量

〔 作り方 〕

1 キャベツはざく切り、豚バラ肉は4㎝長さに、にらは5〜6㎝長さに切る。

2 にんにくは皮ごと根元を切って耐熱皿に入れ、600Wの電子レンジで10秒ほど加熱し、皮をむいて薄切りにする。

3 フライパンに鶏ガラスープの素、みそ、しょうゆ、みりんを入れ、分量の水を少しずつ加えて混ぜる。

4 キャベツを入れ、豚肉、にら、にんにく、赤唐辛子をのせ、ふたをして火にかける。

5 煮立ってきたら中火で5分煮込む。塩、こしょうで味を調え、仕上げにごま油をひとまわし入れて、すりごまをふる。

レンジで加熱すると皮がむきやすくなる

調味料はすべて大さじ1！

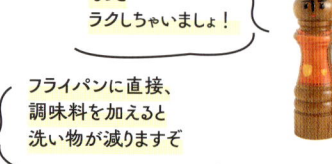

もっとラクしちゃいましょ！

フライパンに直接、調味料を加えると洗い物が減りますぞ

山本ゆり先生

こってり味の大根で、罪悪感なく満腹に♪

担々大根

スープは、ご飯にかけたり
うどんを入れたりしても
おいしいですぞ

アレンジ自在よ

動画でCHECK

《 材料・2人分 》

大根	⅓本（400g）
合いびき肉	120g
ごま油	小さじ1
おろしにんにく	小さじ½（チューブの場合4cm）
おろししょうが	小さじ½（チューブの場合4cm）
豆板醤（トウバンジャン）	小さじ½
みそ（合わせみそ）	大さじ2
水	350㎖
顆粒鶏ガラスープの素	大さじ1
豆乳（または牛乳）	100㎖
すりごま（白）	大さじ2
万能ねぎ（小口切り）	適量
ラー油	適量

《 作り方 》

1 大根は皮をむいて、7mm角の棒状に切る。

早く仕上げたいときは
薄切りや細切りに！

2 フライパンにごま油を熱し、合いびき肉、おろしにんにく、おろししょうが、豆板醤を中火で炒め、ひき肉の色が変わったら大根を加えてさらに炒める。

子ども向けなら
豆板醤を抜けばOK

3 みそ、水、鶏ガラスープの素を加え、ふたをして大根に火が通るまで煮る。

4 豆乳（または牛乳）、すりごまを加える。ひと煮立ちしたら火を止めて器に盛り、万能ねぎ、ラー油をかける。

豆乳を入れることで
練りごまのような
まったり感が！

簡単レシピ ◦ 即席副菜

火を使わずにチャチャッと作れる！

即席副菜3選
（よだれアボカド・なすの中華風・レストランのトマトサラダ）

3品がこんなに素早くできるなんてさすが！どれも味つけがおいしいから副菜選びに迷っちゃいそう

動画でCHECK  よだれアボカド
動画でCHECK なすの中華風
動画でCHECK レストランのトマトサラダ

《 材料・2人分 》

☆よだれアボカド
- アボカド ……………………… 1個
- 砂糖 …………………… 小さじ1
- しょうゆ ……………… 小さじ2
- ごま油 ………………… 小さじ1
- ラー油 ………………… 小さじ½
- おろしにんにく
  ……………… チューブの場合5mm
- おろししょうが
  ……………… チューブの場合5mm
- いりごま（白）……………… 適量

☆なすの中華風
- なす …………… 2本（250g）
- 砂糖 ………………… 大さじ1½
- しょうゆ …………… 大さじ1½
- 酢 …………………… 大さじ1
- ごま油 ……………… 大さじ½
- 顆粒鶏ガラスープの素
  …………………… 小さじ¼
- おろしにんにく
  ……………… チューブの場合5mm
- おろししょうが
  ……………… チューブの場合5mm
- いりごま（白）……………… 適量
- 青ねぎ（小口切り）………… 適量

☆レストランのトマトサラダ
- トマト ………………… 2個
- 玉ねぎ ………………… 10g
- おろしにんにく ………… 少量
- 塩 …………………… 小さじ¼
- 砂糖 ………………… 小さじ1
- 酢 …………………… 小さじ1
- バージンオリーブ油 … 大さじ1

《 よだれアボカド・作り方 》

1 ボウルに砂糖、しょうゆ、ごま油、ラー油、おろしにんにく、おろししょうが、いりごまを入れて混ぜ合わせる。

2 アボカドは種を取って皮をむき、7mm幅に切って器に盛り、1をかける。

《 なすの中華風・作り方 》

1 なすは2〜3カ所爪楊枝で穴を開け、1本ずつラップで包み、600Wの電子レンジで3分加熱する。

2 ボウルに砂糖、しょうゆ、酢、ごま油、鶏ガラスープの素、おろしにんにく、おろししょうがを混ぜ合わせる。

3 1を冷水に落とし、粗熱が取れたら乱切りにする。2に加えて和え、いりごまを加えて混ぜ、器に盛って青ねぎをふる。

へたごと加熱すると鮮やかな紫色が残る

にんにくとしょうがは入れすぎ注意！

なすはあたたかいうちにたれと和えてね

《 レストランのトマトサラダ・作り方 》

1 玉ねぎはみじん切りに、トマトは2mm幅の半月切りにする。

2 器に少量のおろしにんにくを薄く塗り、トマトを並べる。

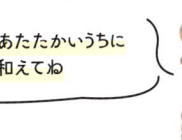

3 ボウルに1の玉ねぎ、塩、砂糖、酢、オリーブ油を混ぜて2にかける。

にんにくは香りづけなのでごく少量でOK

実際に作りまくってる
山本ゆりさんレシピ**3**選

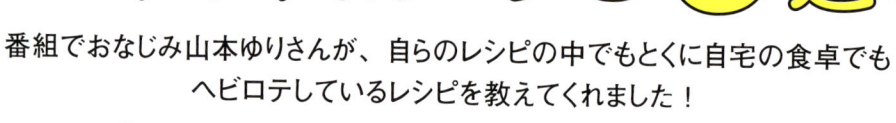

家族からも大好評!!

番組でおなじみ山本ゆりさんが、自らのレシピの中でもとくに自宅の食卓でもヘビロテしているレシピを教えてくれました！

レンジで簡単 キーマカレー

ただただ簡単でめちゃくちゃ美味しい。作り置きも冷凍もできるし、野菜もお肉もとれるんで、遅く帰る日、ご飯が作れない日によく作り置きして出します。ぶんぶんチョッパーと組み合わせると最強にラク!! あまったら、翌日に食パンに塗ってチーズかけて焼くのが定番です。　→P38 を CHECK

動画でCHECK

ひき肉ピーマンライス

こちらもぶんぶんチョッパーのおかげで作る頻度が一気に上がった1品。野菜もお肉もとれ、晩ご飯はもうこれ1品でOKなので、上記のカレーに飽きたら作り置きして出しています。だしの素とゴマ油とにんにくの風味で無性に美味しい！ 偏食、ピーマン嫌いの息子でもこれだけは食べます！

カルボナーラうどん

私が1人で食べる昼ご飯、友達が来た日のビールのアテに。常備してる材料で作れるし、とにかく簡単。誰に出しても喜ばれる。普段自分1人のためにわざわざ料理をすることはあんまりないけど、これだけは好きすぎて、わざわざブロックベーコンを炒めてまで作ってます。

動画でCHECK

体あたたまる！汁もの・スープ

「おいしいスープが飲みたい」「栄養を丸ごと摂りたい」そんなときのイチオシレシピです♪

濃厚クリーミー！ 具材のおいしさ引き立つ

クラムチャウダー

塩味のバランスがよくて
あさりのうまみがギュッと
詰まってますね！

動画でCHECK

《 材料・2人分 》

あさり	400g
ベーコン	30g
玉ねぎ	½個
じゃがいも	150g
タイム	2枝
小麦粉	大さじ2
チキンブイヨンの素	小さじ1
牛乳	150mℓ
バター	30g
クラッカー（お好みで）	適量
塩	適量
黒こしょう	適量

《 作り方 》

1 あさりは砂出しをし、たっぷりの塩をまぶしてこすり合わせ、水で洗う。

2 フライパンにあさりが半分つかる程度の水を注ぐ。ふたをして強火にかけ、口が開いたら取り出す。

3 あさりの身をはずして粗く刻み、煮汁はペーパータオルでこす。

4 ベーコン、玉ねぎはみじん切りにし、じゃがいもは1cm角に切る。

5 鍋にバター、ベーコンを入れて中火にかけ、薄く色づくまで炒める。玉ねぎとタイムを加え、玉ねぎがしんなりするまで炒める。

6 小麦粉を加え、粉気がなくなるまで炒める。3の煮汁、じゃがいも、チキンブイヨンの素、牛乳を加え、弱火で20分煮込む。

7 3のあさりの身を加えて塩、黒こしょうで味を調える。器に盛り、クラッカーを添える。

汁もの・スープ

身も心も温めてくれる
きのこのカルボナーラスープ

《 材料・2人分 》

マッシュルーム	6個
えのきだけ	80g
ベーコン（かたまり）	80g
ブロッコリー	50g
長ねぎ	50g
にんにく（みじん切り）	小さじ½
バージンオリーブ油	大さじ1
塩	小さじ½
小麦粉	大さじ1½
ブイヨン	300㎖
生クリーム	100㎖
温泉卵	2個
パルメザンチーズ（粉）	大さじ1
黒こしょう（粗びき）	適量

《 作り方 》

1 マッシュルームは半分、ベーコンは8㎜角の棒状、長ねぎは斜め1㎝幅に切る。えのきだけは半分に切ってほぐし、ブロッコリーは小房に分ける。

2 鍋にバージンオリーブ油とベーコンを入れて中火で炒める。にんにくを加えて香りが出たらマッシュルーム、えのきだけ、長ねぎ、塩を加えて炒める。

3 きのこがしんなりしたら小麦粉を加えて弱火で炒める。ブイヨンを少しずつ加えながら溶きのばして、弱火で3分煮る。

4 ブロッコリーと生クリームを加えて弱火で2分煮る。

5 器に盛りつけ、温泉卵をのせてパルメザンチーズ、黒こしょうをふる。

しめじや玉ねぎ、ほうれん草もおすすめ！

小麦粉を加えるとスープにとろみが出て具材にからみやすくなる

西洋料理・大西章仁先生

野菜もお肉もたっぷりのメイン級スープ

動画でCHECK

豚肉と
キャベツのスープ

《 材料・2人分 》

キャベツ	200g	ブイヨン	600㎖
にんじん	30g	温泉卵	2個
豚バラ肉（薄切り）	100g	パルメザンチーズ（粉）	
スパゲッティ	10g		大さじ1
にんにく（みじん切り）		塩	適量
	小さじ⅓	こしょう	適量
バージンオリーブ油	大さじ1		

《 作り方 》

1 キャベツは3㎝角に切り、にんじんは短冊切りにし、豚バラ肉は3㎝幅に切る。

2 スパゲッティは2.5㎝長さに折る。

> 豚肉に
> 焼き色をつけると
> 香ばしさアップ

3 鍋にオリーブ油を熱し、豚肉を中火で炒める。キャベツ、にんじん、にんにく、塩小さじ½を加えて炒める。

4 ブイヨンを加えて強火で煮立て、スパゲッティを加え、弱火で10分煮る。

5 塩、こしょうで味を調える。器に盛り、温泉卵をのせ、パルメザンチーズをかける。

炊飯器を使えば、作業時間は5分以内！

動画でCHECK

とろとろ
サムゲタン風スープ

《 材料・2〜3人分 》

手羽元	6本	塩	小さじ1
にんにく	1片	ごま油	小さじ1
しょうが	1片	水	600㎖
長ねぎ	1本	ごま油、黒こしょう（お好みで）	
米	大さじ3		適量
酒	大さじ2		

《 作り方 》

1 にんにくとしょうがは皮をむいて薄切りにし、長ねぎは白い部分と青い部分それぞれ斜め薄切りにする。

> 炊飯器が50分経っても
> 動いていたら止める！
> お鍋で作るなら
> 40分〜1時間煮込む

2 炊飯器に手羽元、米、にんにく、しょうが、長ねぎの白い部分、酒、塩、ごま油、水を入れて炊飯する。

> 煮詰まりすぎたら、
> 湯を足して
> 薄めればOK

3 器に盛り、長ねぎの青い部分をのせ、お好みでごま油と黒こしょうをかける。

動画でCHECK

長いもとろとろ！
野菜と鶏肉のうまみが絡み合う

根菜のとろろ汁

豆乳でとんこつスープのまろやかさを再現！

とんこつ
ラーメン風スープ

動画でCHECK

《 材料・2人分 》

豚バラ肉（薄切り）	150g	無調整豆乳	50㎖
にんにく	1片	※牛乳で代用してもOK	
もやし	250g	ごま油	小さじ1
サラダ油	小さじ1	（お好みで）青ねぎ（小口切り）	
水	400㎖		適量
顆粒鶏ガラスープの素		（お好みで）紅しょうが（せん切り）	
	大さじ1		適量
顆粒和風だしの素	小さじ2	（お好みで）いりごま（白）	
塩	適量		適量
こしょう	適量		

《 作り方 》

1 豚バラ肉は3〜4㎝幅に切り、にんにくはみじん切りにする。

2 フライパンにサラダ油を中火で熱してにんにく、豚肉を炒め、分量の水、鶏ガラスープの素、和風だしの素を加える。

3 煮立ったら、もやしを入れて1分ほど煮る。

4 豆乳（または牛乳）、ごま油を加え、ひと煮立ちさせて塩、こしょうで味を調え、器に盛る。お好みで青ねぎ、紅しょうが、いりごまを散らす。

麺を入れてラーメンにしても！

《 材料・2人分 》

さといも	3個（150g）	長いも	130g
にんじん	80g	青ねぎ	1本
大根	100g	だし	700㎖
ごぼう	½本（40g）	みそ	60g
鶏骨つきもも肉（ぶつ切り）		七味唐辛子	適量
	400g	サラダ油	適量

《 作り方 》

1 さといもは皮をむいて1㎝厚さの輪切り、にんじんは乱切り、大根は5㎜厚さのいちょう切り、ごぼうは5㎜幅の斜め切りにする。

さといもは乾かして切るとすべりにくい

2 鍋にサラダ油適量を熱し、鶏骨つきもも肉に中火で香ばしく焼き色をつける。

3 さといも、にんじん、大根、ごぼうを加えて炒め、だしを加えて煮立て、アクを取りながら中火で7分煮る。

野菜は最初に炒めておくと煮くずれしにくい

4 長いもは皮をむいてすりおろし、青ねぎは4㎝長さの斜め薄切りにする。

5 みそを3の煮汁で溶きのばして加え、長いもを加えて温める。器に盛り、青ねぎをのせて七味唐辛子をふる。

辛さがおいしい！ フーフーしながら食べたい

酸辣湯（サンラータン）

動画でCHECK

がつんとおいしいスープ！
とろみがあるのでいつまでも
アツアツで最高ですね

《 材料・2人分 》

豆腐（絹）	100g
豚バラ肉（薄切り）	50g
たけのこ	50g
パクチー	適量
高菜漬け（粗みじん切り）	20g
サラダ油	小さじ1
卵	1個
塩昆布（細切り）	3g
豆板醤（トウバンジャン）	小さじ½
中華スープ	500㎖
塩	小さじ½
砂糖	小さじ½
こしょう	適量
水溶き片栗粉	適量

A（合わせ調味料）

酢	大さじ½
しょうゆ	小さじ1
ごま油	大さじ½
ラー油	大さじ½

《 作り方 》

1 豆腐は2mm角の細切りにして水につける。豚バラ肉、たけのこは細切りにし、パクチーを2cm長さに切る。

2 鍋にサラダ油を熱し、豚肉、高菜漬けを強火で炒め、端に寄せて豆板醤を炒める。

3 Aを合わせる。

4 2に中華スープ、塩、砂糖、こしょう、塩昆布、たけのこ、豆腐を水きりして入れ、煮立てて弱火にし、水溶き片栗粉でとろみをつける。

5 溶きほぐした卵を加え、混ぜずに火を通す。

6 器に盛り、3を回しかけ、パクチーをのせる。

スープにとろみをつけてから
卵をたらすとふんわり仕上がる

酢の気がとばないよう、
合わせ調味料は
最後にかけよう

中国料理・川﨑元太先生　49

栄養満点！野菜たっぷり

たっぷり葉物野菜のごちそう

小松菜の炒め煮

動画でCHECK

小松菜のシャキシャキ感と
えびのぷりぷりがよく合う！
温泉卵ものっていて、お店みたい！

《 材料・2人分 》

		A（合わせ調味料）	
小松菜	250g	中華スープ	50mℓ
むきえび	8尾	砂糖	小さじ½
にんにく	½片	しょうゆ	大さじ½
温泉卵	2個	ナンプラー	大さじ½
サラダ油	適量	片栗粉	小さじ1
		塩	小さじ¼

《 作り方 》

1 小松菜は4cm長さに切り、軸と葉に分けて水で洗い、水気をきる。

土がついている場合があるので、根元のほうは特にしっかり洗おう

2 むきえびは横に半分に切って背わたを取る。にんにくは粗みじん切りにする。

3 Aを合わせる。

4 フライパンにサラダ油適量を熱し、えびを中火で炒めて端に寄せる。あいた部分でにんにくを弱火で炒める。

5 小松菜の軸、葉を順に加えて強火で炒め、3を加えて炒める。

強火で炒めると水分が出にくく、シャキッと仕上がる

6 器に盛り、温泉卵をのせる。

レシピ

「なんだか栄養が足りてない気がする」
「野菜をおいしく食べたい」
そんなときのイチオシレシピです♪

火を使わず簡単！ とろとろのなすがおいしい

蒸しなす

野菜たっぷり！
簡単だけど
ごちそう感がありますね

動画でCHECK

材料・2人分

なす	3本（450g）
トマト	1個
しょうが	20g
青じそ	5枚
だし	100ml
みりん	大さじ1
薄口しょうゆ	大さじ2
酢	大さじ2
塩	適量

なすは1本ずつ
ラップしましょう

均一にやわらかく
なりますぞ

作り方

1 なすはへたを切って水にくぐらせ、1本ずつラップで包み、600Wの電子レンジで6分加熱する。

2 トマトは5mm角に切り、しょうがは皮をむいて2cm長さのせん切りにし、ボウルに入れる。

3 2にだし、みりん、薄口しょうゆ、酢を加えて混ぜ合わせる。

4 なすをラップごと氷水につけて粗熱を取り、十字に切り込みを入れて手で裂き、薄く塩をふって器に盛る。

5 なすに3をかけ、青じそを適当な大きさにちぎって散らす。

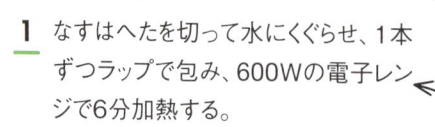

レンジで加熱すると
素材の水分で蒸されて
いるような状態に

手で裂くと
表面がぼこぼこになり、
たれがからみやすい

バターの風味がぜいたく♪

さつま芋のきんぴら

動画でCHECK

《 材料・2人分 》

さつまいも	300g
ベーコン（かたまり）	100g
さやいんげん	50g
サラダ油	大さじ2
バター	15g
いりごま（黒）	適量

A（合わせ調味料）

┌ 砂糖	大さじ1½
│ 酒	大さじ1
└ しょうゆ	大さじ2

《 作り方 》

1 さつまいもは皮ごと1cm角、5cm長さの棒状に切り、水で洗って水気を取る。

2 ベーコンは7mm角の棒状に切り、さやいんげんは5cm長さに切る。

3 フライパンにサラダ油を熱し、さつまいも、ベーコンを中火で7〜8分炒める。

4 さつまいもに焼き色がついてカリッとしたら、さやいんげんを加えて炒める。

5 フライパンの底をぬれ布巾に当てて粗熱を取り、Aを加えてからめ、バターを加えてさらにからめる。器に盛り、いりごまを散らす。

じっくり炒めてさつまいもの表面をカリカリにしよう

調味料がすぐに蒸発してしまわないよう粗熱を取ろう

切ったさつまいもは表面のでんぷんを洗い流すと変色を防げるわよ

多めの油で炒めると外カリッ、中ふわに！

さつまいもがしっとりしてて、大人も子どもも好きな味ですね！

日本料理・長谷川晃先生

アスパラの歯ごたえとマスタードの風味がマッチ！

アスパラのマスタードソース

動画でCHECK

《 材料・2人分 》

アスパラガス	6本
新玉ねぎ	½個（100g）
ソーセージ	3本
バージンオリーブ油	大さじ½
マスタード	大さじ1
砂糖	小さじ¼
白ワイン酢	小さじ2
塩	適量
こしょう	適量

《 作り方 》

1 アスパラガスは下半分の皮をむき、斜めに5～6つに切る。

2 新玉ねぎは芯をはずして1.5cm幅のくし形に切り、ソーセージは斜めに4つに切る。

3 マスタード、塩小さじ¼、砂糖、白ワイン酢を混ぜ、こしょうを加える。

辛さが苦手なら
マスタードの一部を
マヨネーズで代用してもOK

4 フライパンにオリーブ油、ソーセージを入れて中火で炒める。アスパラガス、玉ねぎ、塩、こしょうを加えて2分炒める。

5 火を止め、3を加えてからめる。

火にかけたまま
加えるとマスタードの
風味がとんでしまう

西洋料理・大西章仁先生

野菜たっぷりレシピ

五臓六腑にしみわたるやさしい味

豆腐ときのこの さっと煮

動画でCHECK

《 材料・2人分 》

豆腐（木綿）	1丁（280g）	A（煮汁）
エリンギ	120g	だし ……… 300mℓ
まいたけ	120g	みりん ……… 大さじ2
青ねぎ	1本	しょうゆ ……… 大さじ2
サラダ油	大さじ2	水溶き片栗粉 ……… 適量
おろししょうが	10g	
塩	適量	

《 作り方 》

1 豆腐はペーパータオルで水分を取り、1.5cm角に切る。

2 エリンギは縦に4つに切り、半分の長さに切る。まいたけは大きめに分け、青ねぎは2cm長さに切る。

3 フライパンにサラダ油を熱し、エリンギ、まいたけを入れて塩をふり、中火で焼き色をつける。

4 3に豆腐、Aのだし、みりん、しょうゆを入れ、煮立ったら中火で3分煮る。

5 水溶き片栗粉を加えてとろみをつけ、青ねぎを加えてひと煮立ちさせる。器に盛り、おろししょうがをのせる。

お店のようなシャキシャキもやしが実現

もやしと卵の 炒めもの

動画でCHECK

《 材料・2人分 》

細もやし	300g	サラダ油 ……… 大さじ2½
卵	3個	
青ねぎ	2本	A（卵の下味）
はるさめ	15g	塩 ……… 小さじ¼
ロースハム	1枚	こしょう ……… 適量
塩	小さじ⅓	ごま油 ……… 小さじ1
こしょう	適量	

《 作り方 》

1 はるさめは熱湯に4〜5分つけて戻し、3cm長さに切る。

2 青ねぎは5mm幅、ロースハムはみじん切りにする。もやしは水につけてシャキッとしたら水気をきる。

3 ボウルに卵を割り入れ、Aを加えてよく混ぜ、青ねぎ、はるさめ、ロースハムを加えて混ぜる。

4 フライパンにサラダ油大さじ½を熱し、もやしを強火で水分をとばしながら炒め、塩、こしょうをし、取り出しておく。

5 フライパンをよく熱してサラダ油大さじ2を入れ、3を加えて強火で手早く炒め、4を加えてさらに炒め、器に盛る。

カリフラワーの食感が最高
カリフラワーの ツナマヨ焼き

動画でCHECK

《 材料・2人分 》

カリフラワー	200g
ツナ缶	1缶（140g）
スイートコーン	50g
マヨネーズ	80g
牛乳	大さじ1
パルメザンチーズ（粉）	大さじ1
塩	適量
こしょう	適量

《 作り方 》

1 カリフラワーは小房に分け、熱湯に約1%の塩（1ℓで10g）を入れて5分ゆでる。オーブントースターを予熱する。

> 熱湯に塩を入れるとカリフラワーに下味がつく

2 ツナ缶は油をきってほぐし、スイートコーン、マヨネーズ、牛乳、塩小さじ¼、こしょうを加えて混ぜ合わせる。

3 カリフラワーをざるにあげて耐熱皿に並べ、2をのせてパルメザンチーズをふる。

> 食材には火が通っているので焼き色がつけばOK

4 オーブントースターで焼き色をつける。

人気のハッシュドシリーズ！子どももうれしい
ハッシュド ブロッコリー

動画でCHECK

《 材料・2人分 》

ブロッコリー	1株（200g）
ベーコン	1枚
ピザ用チーズ	50g
片栗粉	大さじ3
塩	適量
こしょう	適量
サラダ油	適量

※ハムやツナなど、お好みの具材を自由に入れよう。だししょうゆをつけてもおいしい！

《 作り方 》

1 ブロッコリーは洗って1cmくらいに刻み、大きめのボウルに入れる。ベーコンは1cm角に切り、ボウルに加える。

> 冷凍は水分が出てカリッと仕上がらないので必ず生を使おう

2 1のボウルにピザ用チーズ、片栗粉、サラダ油大さじ1と、塩、こしょうを加えて全体を混ぜる。

> チーズと片栗粉がつなぎの役割になる

3 フライパンにサラダ油大さじ1を中火で熱し、2を入れて広げて形を整え、ふたをして弱火から中火で2〜3分焼く。

4 裏返してサラダ油小さじ1を鍋肌から入れ、こんがり焼いて器に盛る。

カリッとクルトンでお店の味に！

シーザーサラダ

ドレッシングが本格的！
家族みんなで
おいシーザー！（笑）

動画でCHECK

《 材料・2人分 》

ミニトマト	4個
ベーコン	40g
食パンのミミ	適量
レタス	150g
卵	1個
サラダ油	大さじ1
粉チーズ	適量
黒こしょう（粗びき）	適量

A（シーザードレッシング）

粉チーズ	大さじ1
牛乳	大さじ1
マヨネーズ	大さじ2
砂糖	小さじ½
レモン汁	小さじ1
おろしにんにく	
	少量（チューブの場合1㎝）
塩	適量
こしょう	適量

《 作り方 》

1 ミニトマトは半分、ベーコンは8㎜幅の棒状、食パンのミミは1㎝角に切る。レタスは手で食べやすい大きさにちぎり、氷水につける。

2 フライパンにサラダ油、ベーコン、食パンを入れて弱火にかけ、食パンの水分が抜けてカリッとするまで炒めて取り出す。

3 Aを混ぜドレッシングを作る。

4 耐熱容器に水大さじ1を入れて卵を割り入れ、さらに水大さじ1を入れる。爪楊枝で黄身に2カ所穴を開け、ラップをかけずに600Wの電子レンジで40秒加熱。完成した温玉は水を入れたボウルに入れる。

5 レタスの水気を取って器に盛り、温玉をのせ、ミニトマト、ベーコン、食パンを散らし、**3**をかけ、粉チーズ、黒こしょうをふる。

レタスを氷水につけると
パリッとした食感に！

クルトンにするパンは
かたくなったものでOK

> パプリカが甘くておいしい！
> いつものサラダチキンも
> なんだかおしゃれですね

動画でCHECK

色も形もかわいい！ お弁当の彩りにもぴったり

パプリカの彩りマリネ

《 材料・2人分 》

パプリカ（赤）	1個
パプリカ（黄）	1個
サラダチキン	1枚
バージンオリーブ油	大さじ½
塩	小さじ⅓
黒こしょう	適量

A（ドレッシング）

レモン汁	小さじ2
おろしにんにく	小さじ¼
塩	小さじ⅓
黒こしょう	適量
バージンオリーブ油	大さじ2

《 作り方 》

1 ラップを広げてパプリカを1個ずつおき、バージンオリーブ油、塩、黒こしょうを全体にまぶし、包む。600Wの電子レンジで8分加熱する。

2 ボウルにAのレモン汁、おろしにんにく、塩、黒こしょうを入れて混ぜ、バージンオリーブ油を加えて混ぜる。

3 サラダチキンは1cm厚さに切り、2を適量かける。

4 1を取り出して、へたと種を取り除き、2cm幅に切り、温かいうちに2に加えて混ぜる。

5 器にパプリカとサラダチキンを盛り、黒こしょうをふる。

> ドレッシングを
> なじませ、マリネに
> 一体感を出す

> 温かいうちに和えると
> ドレッシングの味が
> なじみやすい

中華風ピクルス

動画でCHECK

《 材料・2〜3人分 》

きゅうり	1本
キャベツ	100g
セロリ	100g
にんじん	50g
塩	小さじ1
しょうが（細切り）	5g
赤唐辛子（輪切り）	1本
ごま油	大さじ1

A（甘酢）

酢	200mℓ
砂糖	100g
水	100mℓ
塩	小さじ½

《 作り方 》

1 きゅうりは縦半分に切って種を取り、1cm幅の斜め切りにする。

2 キャベツは5cm角、セロリは斜め1cm幅、にんじんは5cm長さ、1cm幅に切る。

3 ボウルに**1**、**2**を入れて塩小さじ1をふり、軽くもんで15分おく。

塩もみすると
余分な水分が出て
味がしみ込みやすい

4 ボウルに**A**を合わせて塩をよく溶かし、**3**の水分をしっかり絞って漬ける。

5 しょうがと赤唐辛子をのせ、薄煙が出るまで熱したごま油をかける。ラップをして15分以上おき、全体を混ぜ合わせる。

ごま油は薄煙が
出るぐらい熱してから
しょうがと赤唐辛子に
かけましょう

香りが一気に
広がりますぞ〜

清潔な容器で
冷蔵保存すれば
2週間ほど保存可能

中国料理・河野篤史先生

1品で大満足！ごはん

とにかく安くて簡単！
梅干しのアクセントがうれしい

サバ缶の炊き込みご飯

動画でCHECK

《 材料・2〜3人分 》

さばの水煮缶	1缶（200g）	青ねぎ（小口切り）	1本
ひじき	5g	米	2合
しめじ	50g	水	360㎖
梅干し	4個（60g）	いりごま（白）	適量
しょうが（せん切り）	10g		

《 作り方 》

1 ひじきはたっぷりの水に10分つけて戻す。米は洗ってざるに15分上げておく。

2 しめじは1.5cm長さに切り、梅干しは種を取り、さばの水煮缶は大きな骨を取り除いて身を粗めにほぐす。

> さばは繊維に沿って箸を入れるとほぐしやすく骨も取りやすい

3 炊飯器に米を入れ、さば缶を汁ごと、水分を絞ったひじき、しめじ、しょうが、梅干し、分量の水を加えて炊く。

> しょうがと梅干しがさばのクセをやわらげてくれる

4 炊き上がった3にいりごま、青ねぎを加えて混ぜ合わせる。

> おいしいうえに栄養たっぷり。梅とさば缶の塩分がおいしさのポイントですね

もの

「白いご飯に飽きてきた…」
「何品も作らなくていいように、ご飯とおかずをまとめたい」
「いろんな炊き込みご飯やカレーが食べたい！」
そんなときのイチオシレシピです♪

お米に味がしみてコク深い
焼肉の炊き込みご飯

色鮮やかでやさしい味わい
豆ご飯

動画でCHECK

動画でCHECK

《 材料・2〜3人分 》

牛肉（切り落とし） ……… 150g	水 …………………… 250㎖
焼肉のたれ ………… 大さじ4	めんつゆ（ストレート）
しめじ ………………… 100g	……………………… 150㎖
にんじん ……………… 50g	サラダ油 …………… 大さじ1
青ねぎ ………………… 2本	七味唐辛子 ………… 適量
米 …………………… 2合	

《 作り方 》

1 牛肉に焼肉のたれをまぶして軽くもみ、5分おく。

2 しめじはほぐし、にんじんは皮をむいて1㎝幅、3㎝長さの短冊切りにする。青ねぎは小口切りにする。

3 フライパンにサラダ油を熱して**1**を中火で炒め、しめじ、にんじんを加え、しんなりするまで炒める。

> 炒めた牛肉を一緒に炊き込むことで、ご飯にコクが出る

4 炊飯器に洗った米、水、めんつゆ、**3**を加えて炊く。

5 炊き上がった**4**に青ねぎを混ぜて器に盛り、七味唐辛子をふる。

> 濃縮タイプのめんつゆであれば薄めてから

《 材料・2人分 》

グリンピース（さや入り）	A（炊飯用の塩水）
……………………… 200g	水 ……………… 400㎖
米 …………………… 2合	塩 ……………… 小さじ1
昆布 ………………… 3㎝角1枚	
酒 …………………… 小さじ2	
塩 …………………… 適量	

《 作り方 》

1 グリンピースはさやごと洗い、豆を取り出し、さやは取っておく。

2 ボウルに**A**を入れて塩を溶かし、洗った米とともに炊飯器に入れる。昆布、**1**のさやを6〜7本加えて炊く。

> さやも一緒に炊くと香りがプラスされる

3 **1**の豆に水をふり、塩ひとつまみを入れて軽くもむ。塩を加えた熱湯でやわらかくなるまで2〜3分ゆで、ざるに取り出す。

> 青くささが気になる人はさらに水にさらしても

4 ご飯が炊けたら昆布とさやを取り出し、**3**、酒を加えて豆がつぶれないように混ぜ合わせる。

炊飯器で炊いているので
すごくしっとりしています

さつまいもの甘みがおいしい

さつまいもの炊き込みピラフ

動画でCHECK

《 材料・2人分 》

さつまいも	150g
ソーセージ	3本
米	1.5合
バター	20g
ブイヨン	400mℓ
トマトケチャップ	大さじ½
塩	小さじ½

《 作り方 》

1 さつまいもは皮つきのまま1cm角に切り、ソーセージは1cm幅に切る。

2 フライパンにバターを熱し、さつまいも、ソーセージを加えて、さつまいもの縁に透明感が出るまで炒める。

3 洗っていない米を加えて弱火で炒め、米が半透明になったら、温めたブイヨン、ケチャップ、塩を加えて強火でひと煮立ちさせる。

4 3を炊飯器に移して炊く。

さつまいもは
皮つきだと
形がくずれにくい

温まった米に、
温めておいたブイヨンを
合わせること

お米は洗わずに
炒めましょう

炊き上がりが
べたつきにくく
なりますぞ

スパイシーな大人の味！
無水チキンカレー

無水カレーは
トマトの水分が命。
必ず小さめの角切りに！

鍋のふたは
必須よ〜

動画でCHECK

《 材料・2人分 》

鶏もも肉	250g
玉ねぎ	200g
トマト	3個（650g）
おろしにんにく	小さじ1
おろししょうが	小さじ1
カレー粉	大さじ2
塩	小さじ1
サラダ油	大さじ1
ガラムマサラ	小さじ1
パクチー	適量

☆ターメリックライス

米	1合
水	200mℓ
ターメリックパウダー	小さじ½
バター	10g

《 作り方 》

1 ターメリックライスを作る。炊飯器に洗った米、水、ターメリックパウダー、バターを入れて普通モードで炊く。

2 玉ねぎは繊維に逆らって薄切りにし、トマトは1cm角、鶏もも肉は2cm角に切る。

3 鍋にサラダ油を熱し、にんにく、しょうがを加えて弱火で炒め、玉ねぎを加えて透明感が出たらカレー粉を加えて炒める。

4 トマトと塩を加えて中火で炒め、ふたをしてときどき混ぜながら弱火で15分煮込む。

5 鶏肉を加え、ふたをしてさらに弱火で10分煮込む。

6 ガラムマサラを加えてサッと混ぜる。ターメリックライスとともに器に盛り、パクチーをのせる。

水分がとばないよう、
ふたをして煮込む

鶏肉は煮込みすぎて
かたくならないよう
途中で加える

西洋料理・紫藤慧先生

ハーブ・スパイスで異国風の味わいに
マッシュルームのトマトカレー

野菜たっぷり、とろっとおいしい！
コーンクリームカレー

動画でCHECK

動画でCHECK

《 材料・2人分 》

ブラウンマッシュルーム ………… 16個	しょうが（みじん切り）………… 小さじ1
トマト ……… 中3個（300g）	にんにく（みじん切り）………… 小さじ1
ししとう ……………… 6本	カレー粉 ……………… 小さじ2
玉ねぎ（みじん切り）… 100g	塩 ……………………… 小さじ1
クミンシード ………… 小さじ½	ガラムマサラ ………… 小さじ⅓
赤唐辛子（種を取ったもの）……… ½本	バジル ……………… 適量
バージンオリーブ油 … 大さじ1	ご飯 ………………… 適量

《 作り方 》

1 ブラウンマッシュルームは縦半分に切り、トマトはへたを取り除いて1㎝角に切り、ししとうはへたを取る。

2 フライパンにクミンシード、赤唐辛子、オリーブ油を入れて弱火で泡が出るまで熱し、しょうがとにんにくを加えて炒めて香りを出す。

> スパイスは弱火でゆっくり熱すると油に香りが移る

3 玉ねぎを加えて中火で水分が少なくなるまで炒める。

4 マッシュルーム、カレー粉を入れて中火でサッと炒め、トマト、塩を加え、ふたをして弱火で10分煮る。

> トマトやマッシュルームの水分で煮込むため、水分が逃げないよう必ずふたをする

5 ししとうを加えて2分火を通し、ガラムマサラを加えてサッと温める。器にご飯とカレーを盛り、バジルをちぎって添える。

《 材料・2人分 》

ブロッコリー ……………… 40g	小麦粉 ……………… 大さじ1
じゃがいも（メークイン）… 50g	カレー粉 …………… 大さじ½
ソーセージ ………………… 3本	ブイヨン …………… 300㎖
にんにく（みじん切り）……… 小さじ½	塩 …………………… 小さじ½
玉ねぎ（みじん切り）……… 40g	バージンオリーブ油 … 大さじ1
スイートコーン缶（クリームタイプ）……… 180g	ご飯 ………………… 適量

《 作り方 》

1 ブロッコリーは小さめに切り分け、じゃがいもは5㎜厚さの半月切りに、ソーセージは7㎜厚さの斜め切りにする。

> じゃがいもは薄く切って、煮込み時間を短縮！

2 フライパンにオリーブ油を熱し、にんにくを入れて中火にかけ、香りが出てきたら、玉ねぎを加えしんなりするまで炒める。

3 ソーセージとじゃがいもを加えて中火で炒める。火を弱めて小麦粉、カレー粉を加えて軽く炒める。

> にんにくが焦げないよう、油が冷たい状態から炒めて香りを出す

4 スイートコーン、ブイヨン、塩を加えて強火にかけ、煮立ったら、ブロッコリーを加えて中火で4分煮る。

5 器にご飯とカレーを盛る。

鶏肉にもしっかり
味がついていて、
卵の半熟具合もすばらしい！

パパッと作れて、仕上げは半熟に！

親子丼

動画でCHECK

《 材料・2人分 》

鶏もも肉	200g
玉ねぎ	120g
みつば	10g
卵	4個
ご飯	適量
粉山椒	適量

A（煮汁）

酒	50mℓ
みりん	100mℓ
だし	150mℓ
しょうゆ	60mℓ

《 作り方 》

1 鶏もも肉は筋を切り、1.5cm角に切る。熱湯に入れて色が白くなったらざるに上げ、水に落として水気を取る。

さっとゆでることで鶏肉の臭みが抜ける

2 鍋にAの酒とみりんを入れて火にかけ、アルコール分をとばす。だし、しょうゆ、鶏肉を加えて中火で5分煮る。

3 玉ねぎは繊維に沿って3mm幅に切り、みつばは1.5cm長さに切る。卵は割って溶きほぐす。

4 小さめのフライパンに玉ねぎ、2の鶏肉、煮汁200mℓをはかって加え、中火にかける。

卵は必ず煮汁が沸いているところに流し入れる

5 玉ねぎがしんなりしたら溶き卵の⅔量を全体に回し入れ、みつばを加える。卵に火が通ったら残りの卵を流し入れ、フライパンを揺らして半熟に仕上げる。

6 器にご飯を盛り、5をのせて粉山椒をふる。

レストランのおいしさをおうちで！

ふわとろオムライス

動画でCHECK

材料・2人分

ソーセージ	3本
玉ねぎ	40g
マッシュルーム	3個
ご飯	300g
バージンオリーブ油	大さじ1
卵	4個
塩	適量
こしょう	適量
バター	10g
トマトケチャップ（仕上げ）	適量

A（ご飯の味つけ）

塩	小さじ½
こしょう	適量
トマトケチャップ	大さじ3

作り方

1 ソーセージは縦半分に切って1cm幅に切る。マッシュルームは5mm角、玉ねぎは1cm角に切る。

2 フライパンにオリーブ油を熱し、ソーセージ、玉ねぎ、マッシュルームを炒める。

3 ご飯とAの塩、こしょうを加えて中火で炒める。Aのトマトケチャップを加えて炒める。茶碗に1人分ずつ入れて、器に返して形を整える。

4 卵を溶きほぐし、塩、こしょうをする。フライパンにバターを入れて中火で熱し、卵を加え、固まった部分をくずしながら半熟になるまで火を通す。

5 ボウルに取り出し、均一に細かくなるまで混ぜる。

6 フライパンを斜めにしたところに5を戻して形を整え、弱火で熱しながら木の葉形にする。

7 3にのせて切り開き、トマトケチャップをかける。

ケチャップを
加えて炒めて
酸味をとばそう

すっごく軽いです！
こんなにふわふわに
仕上がるなんて！

西洋料理・大西章仁先生

簡単でボリュームたっぷり！

タコライス

ひき肉、野菜、カレーの香り、トルティーヤの食感…すべてが相性抜群でこれはハマりますね！

動画でCHECK

《 材料・2人分 》

牛ひき肉	200g
赤玉ねぎ	20g
レタス	60g
トマト	1個
塩	ひとつまみ
こしょう	適量
レモン汁	小さじ1
ご飯	200g
ピザ用チーズ	30g
温泉卵	2個
トルティーヤチップス	適量
サラダ油	適量

A（ひき肉の味つけ）

塩	小さじ½
こしょう	適量
カレー粉	小さじ½
トマトケチャップ	40g

《 作り方 》

1 赤玉ねぎは繊維に逆らって薄切りにし、水にさらして水気をしっかり取る。レタスは5mm幅に切る。

2 トマトは1cm角に切り、塩、こしょう、レモン汁を加える。

お好みでアクセントにタバスコを加えてもおいしい

3 フライパンにサラダ油適量を熱し、牛ひき肉を広げ、Aの塩、こしょうをし、強火でほぐすように炒める。火を止めてAのカレー粉とケチャップを加える。

カレー粉は焦げやすいので、加えるのは火を止めてから

4 器にご飯を盛り、レタス、3、ピザ用チーズ、赤玉ねぎ、2を盛る。温泉卵をのせ、トルティーヤチップスを添える。

西洋料理・大西章仁先生

ご飯パラパラ、レタスはシャキシャキ

海老炒飯

動画でCHECK

《 材料・2人分 》

ご飯	400g	サラダ油	適量
むきえび	10尾(100g)	しょうゆ	小さじ⅓
卵	2個		
レタス	1枚	**A(えびの下味)**	
ロースハム	2枚	┌ 酒	小さじ½
長ねぎ	⅓本	塩	ひとつまみ
塩	適量	こしょう	適量
こしょう	適量	└ 片栗粉	小さじ1
片栗粉	適量		

《 作り方 》

1 むきえびは背わたを取り、塩、片栗粉でもんで水で洗い、水気を取って半分に切る。**A**の酒、塩、こしょうを加えて混ぜ、片栗粉をまぶす。

> 最後に片栗粉をまぶし、えびの水分とうまみを閉じ込める

2 卵は割ってほぐす。レタスは1.5cm角に切り、水につけて水気を軽く取る。ロースハムと長ねぎはみじん切りにする。

3 フライパンを熱してサラダ油小さじ2を入れる。えびを弱火で炒めて火を通し、取り出す。

4 フライパンにサラダ油大さじ2を強火で熱して溶き卵を入れ、周囲がふくらんできたらすぐに温かいご飯を加える。ほぐれるまで炒めて塩、こしょうをする。

> 火力が弱い、またはご飯が多いときは半量に分けると炒めやすい

5 ハムとえびを加えて強火で炒め合わせ、塩で味を調える。長ねぎとレタスを加え、鍋肌からしょうゆを加えて炒め合わせ、器に盛る。

おかずがいらない主役級ごはん

しらすと高菜の混ぜごはん

動画でCHECK

《 材料・2人分 》

パクチー	1株(10g)	オイスターソース	小さじ2
高菜漬け(浅漬け・刻み)		しょうゆ	小さじ2
	30g	水	大さじ3
釜揚げしらす	150g	ご飯	500g
ごま油	小さじ1	いりごま(白)	大さじ1
豆板醤	小さじ½		
トウバンジャン			
しょうが(みじん切り)			
	小さじ2		

《 作り方 》

1 パクチーは1cm長さに切る。

> じっくり炒めて香りを引き出そう

2 フライパンにごま油を熱し、豆板醤、しょうがを弱火で炒める。

3 高菜漬けを加えて強火で炒める。

4 オイスターソース、しょうゆ、分量の水、釜揚げしらすの順に加えながらサッと炒める。

5 温かいご飯に**4**、いりごま、パクチーを混ぜて器に盛る。

> 冷たいご飯だと混ざりにくいので温かいご飯で

> 塩気が絶妙！
> &とっても
> 簡単でした！

料理の*お悩み*相談室

レシピの細かいところがよくわからない…なんとなくうまくいかない…よくある
お悩みに、料理のプロである辻調の先生たちが答えてくれました！

Q レシピにある「適量」がよくわかりません！

A 調味料なら、味見をして量を決めましょう。

レシピにはいろいろな「適量」が出てきますが、仕上げの薬味であれば、基本的にお好みでOK！ 塩などの調味料も基本は好みですが、少しかけてみて、塩気が足りないと思ったらあとで足してください。なお、焼くためにひく油であれば、鍋に薄く広がる程度が適量です。（日本料理・長谷川先生）

Q ゆで卵の殻がつるんと剥けず、白身も一緒に剥けてしまいます。上手な方法を教えてください。

A ゆでたら、すぐに氷水で冷やしましょう。

鍋を火からおろしたあと、アツアツの卵を氷水で急激に冷やしてください。白身がきゅっと縮んで殻の薄皮との間にすき間ができるので、つるんと剥くことができますよ！（西洋料理・大西先生）

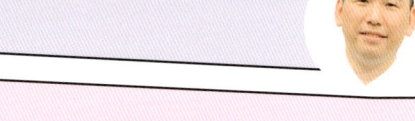

Q 材料に有塩バターとありましたが、無塩バターしかありません。塩を足していいですか？

A 塩で調整してOKです。

足して問題ありません。無塩バターに塩を加えれば有塩バターと同じように使用することができるので、私たちは学校では無塩バターを使うことのほうが多いですね。無塩バターで塩を足して、味や風味を調整しています。（西洋料理・紫藤先生）

Q 揚げものがベタッとしてしまいます。お店のようにカリッと仕上げるコツはありますか？

A 中国料理では「二度揚げ」が基本です。

ベタッとする原因は、衣が食材の水分を吸っているから。これを解消するため、中国料理では、一度揚げて取り出し、油の温度を上げて再び揚げる、いわゆる「二度揚げ」をして衣の水分をとばします。また、衣をつけるときは、下味をつけた鶏肉に片栗粉をもみ込むよりも、表面にまぶすようにつけるほうがカリッと仕上がりますよ。（中国料理・河野先生）

Q 家にある器では盛りつけがマンネリ。華やかになるコツはありますか？

A ポイントは料理の立体感と色使いです。

日本料理では器の奥から手前になるにつれて、だんだん低くなるように盛ると、座って見たときにすべての材料が見えて美しく仕上がります。また、一つの器の中に基本の5色である赤・黄・緑（青）・白・黒が入ると、華やかでまとまった印象に！（日本料理・簾先生）

Q 片栗粉を水溶きにして加えているのに、ダマになってしまいます。どこに注意したらよいですか？

A 火を止めて加え、しっかり混ざったら沸騰させましょう。

ダマになるのは、片栗粉だけに火が通ってデンプンが糊化したから。片栗粉が煮汁となじまないうちに火が入ってしまっているんです。火を止めて沸騰を抑えたところに、水溶き片栗粉をしっかり混ぜてから加えます。全体を混ぜてなじんでから再び沸騰させれば、ダマになりませんよ。（中国料理・川﨑先生）

めん類・点心

「ご飯を炊くのを忘れてた…」「お店で食べるものを手作りしたい」というときのイチオシレシピです♪

休日の昼におすすめの簡単レシピ
カルボナーラ

う〜ん、ボーーーノ！
黒こしょうがきいてて、
卵とチーズも濃厚です

動画でCHECK

加えたゆで汁に
とろみが出れば
乳化はOK

材料・2人分

スパゲッティ	160g
豚肩ロース肉	1枚（150g）
卵	3個
牛乳	20㎖
パルメザンチーズ（粉）	30g
バージンオリーブ油	大さじ2
パスタのゆで汁	大さじ4
塩	適量
黒こしょう	適量

作り方

1 豚肩ロース肉を1㎝角、3㎝長さに切る。

2 熱湯に約1％の塩（1ℓで10g）を入れてスパゲッティをゆでる。

3 ボウルに卵を溶きほぐし、牛乳、塩小さじ¼、パルメザンチーズ20gを入れて混ぜ合わせる。

4 豚肉に塩、黒こしょうを適量ふり、オリーブ油を熱したフライパンで豚肉が色づくまで強火で炒める。

5 パスタのゆで汁を加えてよく混ぜて乳化させ、火を止めたら2のスパゲッティを加えて全体をからめる。

6 3を加えて弱火にかけ、とろみがつくまでしっかり混ぜる。

7 器に盛り、残りのパルメザンチーズをふり、黒こしょうをたっぷりかける。

パパッと作れて本格的！

ナポリタン

動画でCHECK

《 材料・2人分 》

スパゲッティ	160g
ソーセージ	3本
ピーマン	2個
玉ねぎ	60g
バター	20g
パルメザンチーズ（粉）	適量
塩	適量
こしょう	適量

A（ソース）

トマトケチャップ	100g
牛乳	大さじ1
ウスターソース	小さじ½
タバスコ	適量

《 作り方 》

1　ソーセージは斜め3mm幅、ピーマンは横に5mm幅に切り、玉ねぎは縦に薄切りにする。

2　熱湯に湯の量の約1％の塩（1ℓの湯で10g）を加えてスパゲッティをゆでる。

3　Aを混ぜ合わせる。

4　フライパンにバターを熱し、玉ねぎを中火で透明感が出るまで炒める。

5　ソーセージ、ピーマンを加えて炒め、塩、こしょうをし、3を加えてひと煮立ちさせる。

6　スパゲッティを加えて和え、塩、こしょうで味を調える。器に盛り、パルメザンチーズを添える。

タバスコは、
2人分なら
10ふり程度が
おすすめ

西洋料理・紫藤慧先生

セロリの風味と食感がいい！
さけもやわらかくて
味がちゃんとしみていますね

鮭のうまみとセロリの風味がしみ込む

鮭とセロリのパスタ

動画でCHECK

《 材料・2人分 》

スパゲッティ	140g
さけ	2切れ（140g）
セロリ	½本（80g）
しいたけ	3枚
にんにく	½片
アンチョビー	1枚
白ワイン	大さじ2
バージンオリーブ油	大さじ2
塩	適量
砂糖	小さじ⅓
黒こしょう	適量

《 作り方 》

1 さけは皮を取り除いて、2cm角に切り、塩小さじ½と砂糖をふって5分おく。

2 セロリは葉と茎に分け、茎は斜め薄切りり、葉はせん切りにする。しいたけは薄切りにし、にんにくはみじん切りにする。

3 熱湯に約1％の塩（1ℓで10g）を加えてスパゲッティをゆでる。

4 1の水分をペーパータオルでふき取り、フライパンにオリーブ油大さじ1を入れて熱し、中火でさけをサッと焼いて取り出す。

5 4のフライパンにオリーブ油大さじ½、にんにくを入れて中火で炒め、香りが出てきたら、セロリの茎、しいたけを炒める。

6 フライパンのあいている部分にオリーブ油大さじ½とアンチョビーを加えて炒め、白ワインを加えてアルコール分をとばす。

7 パスタのゆで汁大さじ2とさけ、黒こしょうを加えてひと煮立ちさせる。スパゲッティ、セロリの葉を加えて中火で和える。

あとでフライパンに
戻すので半分ほど
火が通ればOK

甘辛い味つけに
とろっと卵がからんで
いくらでも食べられそう！

すぐに作れて食べごたえ◎

すき焼きうどん

動画でCHECK

うどんは
電子レンジで
加熱してから
炒めましょう

割り下をからめる前に
うどんを軽く炒めて
水分をとばしてね

《 材料・2人分 》

牛肉（切り落とし）	150g
玉ねぎ	½個
しいたけ	2枚
青ねぎ	2本
冷凍うどん	2玉
卵黄	2個
サラダ油	大さじ1

A（割り下）

昆布茶	小さじ½
酒	大さじ3⅓
砂糖	大さじ2
しょうゆ	大さじ3

《 作り方 》

1 玉ねぎは繊維に沿って5mm幅、しいたけは7mm幅、青ねぎは斜め5mm幅に切る。

2 冷凍うどんを耐熱皿に並べ、ラップをふんわりとかけて600Wの電子レンジで6分加熱する。

3 Aを混ぜ合わせる。

昆布茶を加えることで
コクとうまみがUP

4 フライパンにサラダ油を熱し、玉ねぎを中火で薄く色づくまで炒め、牛肉、しいたけを加えてさらに炒める。

5 2を加えて中火で水気をとばし、3を加えてからめ、青ねぎを加えて混ぜる。器に盛り、卵黄をのせる。

うどんは混ぜすぎると
粘りが出るので
さわりすぎない

卵とからまりなめらかな味わい
豚肉のかま玉うどん

食欲がない日もツルッと食べられる
鶏のすだちそうめん

動画でCHECK

《 材料・2人分 》

玉ねぎ	½個（100g）	酒	大さじ3
長ねぎ	½本	みりん	大さじ2
青ねぎ	1本	砂糖	大さじ1½
豚バラ肉（薄切り）	100g	しょうゆ	大さじ3
卵黄	2個	ゆでうどん（冷凍）	2玉
サラダ油	大さじ1	七味唐辛子	適量

《 作り方 》

1 玉ねぎは繊維に沿って2mm幅、長ねぎは斜め3mm幅、青ねぎは斜め細切りにする。豚バラ肉は3cm幅に切る。

2 フライパンに分量のサラダ油を熱し、豚肉を中火で白っぽくなるまで炒める。玉ねぎ、長ねぎを加え、しんなりするまで炒める。

3 酒、みりん、砂糖、しょうゆを加え、弱火で2～3分煮る。

> レンジで解凍するとうどんのコシが残る！

4 1人分ずつ盛りつける。電子レンジで加熱して解凍したうどんを器に入れる。卵黄1個と3の煮汁大さじ1を加え、しっかり混ぜる。

> 卵が泡立つように混ぜると口あたりなめらかに

5 3、青ねぎをのせ、七味唐辛子をふる。

《 材料・2人分 》

そうめん	2束	A（かけだし）	
鶏むね肉（皮なし）	100g	だし	800㎖
すだち	2個	塩	小さじ1½
みょうが	1個	みりん	大さじ1
貝割れ菜	⅓パック	薄口しょうゆ	大さじ1½
塩	小さじ⅔		
片栗粉	大さじ2		

《 作り方 》

1 鶏むね肉は5mm幅のそぎ切りにし、塩をふってなじませ、片栗粉をまぶす。

2 すだちは2mm厚さの輪切りにし、みょうがは小口切り、貝割れ菜は半分に切る。

3 鍋にAを入れて強火にかけ、煮立ったら弱火にし、鶏肉を入れて火を通す。

> 弱火で調理することで、中まで火は通りつつしっとり

4 3をだしごと耐熱ボウルに入れ、氷水に当てて冷やし、粗熱が取れたらすだちを加えてラップをし、冷蔵庫で30分以上冷やす。

> 熱々の状態ではすだちの香りと色がとぶので、必ず粗熱を取ろう

5 そうめんはたっぷりの熱湯でゆで、冷水に取って洗い、氷水でしめて水気をきる。

6 器にそうめんを盛り、4をかけ、みょうが、貝割れ菜、すだちをのせる。

ねばねばの材料をたっぷりと

とろろすり流しそば

動画でCHECK

長いもは
目の細かいおろし金ですると
粘りがよく出るわよ

なめこは余熱で
火を通しましょう

《 材料・2人分 》

生そば	2玉
長いも	80g
なめこ	80g
梅干し	1個
だし	450㎖
みりん	大さじ1
塩	小さじ½
薄口しょうゆ	大さじ1⅓
みょうが	1個
青じそ	3枚

梅の酸味がさわやかで
どんどん進みますね

《 作り方 》

1 長いもは皮をむき、すりおろしてボウルに入れる。梅干しは種を取って包丁で細かくたたき、長いもと合わせる。

2 みょうが、青じそはせん切りにする。水に落として、全体を混ぜ合わせて水気をきる。

3 湯を沸騰させて火を止め、なめこを約1分ゆでて水に落とし、水気をきって**1**に加える。

沸騰させると
ぬめりがとれてしまうので、
火を止めてから加える

4 **3**にだし、みりん、塩、薄口しょうゆを加えて混ぜ、冷蔵庫で冷やす。

5 生そばは熱湯でゆで、冷水に落として洗い、水気をきる。

湯が対流するまで
箸でかき混ぜると
そばがくっつかない

6 そばを器に盛り、**4**を混ぜてから注ぎ入れ、**2**をのせる。

日本料理・**長谷川晃**先生

動画でCHECK

粉末ソースの使い方がポイント！
ソース焼きそば

動画でCHECK

本格的な味のスープが5分で完成！
練りごま不要！担々麺

《 材料・2人分 》

粉末ソースつき焼きそば	キャベツ……100g
……2玉	水……100㎖
豚バラ肉（薄切り）……100g	サラダ油……小さじ2
玉ねぎ……100g	塩……適量
ピーマン……2個	こしょう……適量
にんじん……50g	

《 作り方 》

1 玉ねぎは5mm幅に切り、にんじん、ピーマンは細切り、キャベツは1㎝幅の細切りにする。

2 豚バラ肉は1㎝幅に切り、塩、こしょうをする。

3 麺は耐熱皿に入れ、ラップをかけて600Wの電子レンジで2分加熱する。

> 水を加えて野菜と肉のうまみスープを作り、麺にからめよう

4 サラダ油を熱し、豚肉を中火で香ばしく炒め、1を強火で炒める。粉末ソースの半量を入れてさらに炒め、分量の水を加える。

5 フライパンの真ん中をあけて3を入れてほぐし、残りの粉末ソースを加えて炒め合わせる。

> ソースを分けて加えることで、野菜と麺それぞれにしっかり味がつく

《 材料・2人分 》

中華麺（生）……2玉	顆粒鶏ガラスープの素
水菜……適量	……大さじ1½
合いびき肉……120g	みそ……大さじ3
ごま油……大さじ1	すりごま（白）……大さじ5
おろしにんにく……小さじ½	水……600㎖
（チューブの場合4㎝）	豆乳……200㎖
おろししょうが……小さじ½	※調製でも無調整でも！ 牛乳でもOK
（チューブの場合4㎝）	すりごま（白）……適量
豆板醬	粉山椒……適量
……小さじ1	ラー油……適量
（好みの量。辛いものが苦手な人は抜いても）	

《 作り方 》

1 水菜は4〜5㎝長さに切る。

2 フライパンに分量のごま油を中火で熱し、合いびき肉、おろしにんにく、おろししょうがを炒め、豆板醬を加えて炒める。

3 鶏ガラスープの素、みそ、分量のすりごまを順に加えてそのつどよく混ぜ、分量の水を加える。

4 中華麺をかためにゆで、湯をきって3に加える。

5 4に豆乳（または牛乳）を入れ、再び沸いたら器に盛る。すりごまと粉山椒をふり、水菜をのせ、ラー油をたらす。

アレンジOK！ いろんな野菜を入れたい
北京風あんかけ麺

いろんな野菜を
入れてもおいしいけど、
トマトは必須よ～

動画でCHECK

《 材料・2人分 》

ちくわ（煮込み用）	1本（70g）
しいたけ	2枚
トマト	1個（150g）
ほうれん草	70g
溶き卵	1個分
おろししょうが	小さじ½
冷凍うどん（細）	2玉
ごま油	小さじ1
サラダ油	適量

A（煮込み調味料）

中華スープ	300㎖
しょうゆ	大さじ2
塩	小さじ¼
こしょう	適量
水溶き片栗粉	適量

《 作り方 》

1 冷凍うどんは袋に数か所穴を開けて耐熱皿にのせ、600Wの電子レンジで5分加熱する。

2 ちくわは縦半分に切って5mm幅、しいたけは1.5cm幅、トマトは2cm角に切る。

3 ほうれん草は4cm長さに切って水で洗ってざるに上げる。

4 フライパンにサラダ油適量を熱し、しいたけを中火で炒め、ちくわ、ほうれん草を加えて強火で炒め、トマトを加えてサッと炒める。

5 Aのスープ、しょうゆ、塩、こしょうを加えて煮立て、水溶き片栗粉でとろみをつける。溶き卵、しょうが、ごま油を加えて混ぜる。

6 1を器に分けて入れ、水を小さじ1ずつ加えてほぐし、5をかける。

水溶き片栗粉は
数回に分けて加える

卵が固まってきた
ところでやさしく混ぜると
仕上がりふわふわ

温めたうどんが
固まらないよう
水を加えてほぐそう

皮はパリパリ、中はジューシー！

キャベツの焼き餃子

動画でCHECK

《 材料・2人分 》

キャベツ	200g
豚ひき肉	100g
塩	小さじ½
黒こしょう	小さじ½
フライドガーリック	小さじ2
しょうゆ	小さじ2
水	大さじ3
ごま油	小さじ2
片栗粉	大さじ1
ギョウザの皮	20枚
サラダ油	適量

A（たれ）
酢	大さじ1
しょうゆ	大さじ1
ラー油	適量

《 作り方 》

1 キャベツはみじん切りにする。

2 豚ひき肉に塩、黒こしょう、フライドガーリック、しょうゆ、水、ごま油を加えてよく練り、片栗粉を加えて練り、キャベツを混ぜる。

3 ギョウザの皮の周囲に水をつけ、2を包む。

4 フライパンを弱火で熱してサラダ油を引き、ギョウザを並べて中火にする。

5 ギョウザの底が白くなったら強火にして熱湯をギョウザの高さの⅓まで注ぎ、ふたをして、中火で2〜3分蒸し焼きにする。

6 5の水分がなくなったらサラダ油適量を加え、強火にしてギョウザの底に焼き色をつける。器に盛り、合わせたAを添える。

豚ひき肉は脂身が多いところを選ぶとジューシーに仕上がる

水だと沸騰するまでにギョウザの皮がふやけるので、必ず熱湯を使う

中国料理・河野篤史先生

食べた瞬間、うまみがあふれる！

キムチ水餃子

動画でCHECK

大豆の食感とカレーの風味がアクセント

大豆の春巻き

動画でCHECK

キムチ水餃子

《 材料・2人分 》

豚ひき肉……………200g	にんにく（みじん切り）……5g
キムチ……………100g	ギョウザの皮…………24枚

※キムチが調味料を兼ねているので、好みの味のものを選んで使う

しいたけ……………1枚	A（あんの味つけ）
セロリ……………30g	┌ 塩……………小さじ⅓
溶けるタイプのチーズ……2枚	│ こしょう……………適量
青ねぎ（小口切り）……15g	│ 酒……………小さじ1
	└ しょうゆ……………小さじ1

《 作り方 》

1 キムチは粗みじん切りにし、しいたけ、セロリはみじん切りにする。チーズは適当な大きさに切る。

2 豚ひき肉に**A**の塩を加えてよく練り、こしょう、酒、しょうゆ、キムチ、しいたけ、セロリ、青ねぎ、にんにくを加えて混ぜ合わせる。

3 ギョウザの皮の中央に**2**とチーズをのせ、周囲に水をつけて半分に折って包み、左右に水をつけて重ねる。

> 空気を抜きながら包むときれいに仕上がる

4 たっぷりの熱湯に**3**を入れ、5分ほどゆでて火を通す。

大豆の春巻き

《 材料・2人分 》

大豆（ドライパック）……120g	スイートコーン（缶詰）……40g
青じそ……………10枚	ピザ用チーズ…………50g
にんじん……………20g	春巻きの皮…………10枚
鶏ひき肉……………100g	揚げ油……………適量
塩……………小さじ⅓	A（のり）
しょうゆ……………小さじ1	┌ 小麦粉……………大さじ1½
カレー粉……………小さじ1	└ 水……………大さじ1

《 作り方 》

1 青じそは粗みじん切りにし、にんじんは5mm角に切る。

2 鶏ひき肉に塩を加えてよく練り、しょうゆ、カレー粉を加えて混ぜ、大豆、スイートコーン、ピザ用チーズ、**1**を混ぜる。

> 具材を加える前に調味料を混ぜるとひき肉にしっかり味がつく

3 **A**の小麦粉に水を2回に分けて加え、しっかり混ぜる。

4 春巻きの皮に**2**を10等分してのせて包み、**3**で止める。

> ふんわりと巻くとパリパリ食感に！

5 150℃の揚げ油に**4**を入れ、動かしながら弱火で6〜7分揚げる。強火にして色づいたら取り出し、油をきる。

中国料理・川﨑元太先生（左）／中国料理・河野篤史先生（右）

トマトのおいしさは残しつつ
主張が強すぎないのがいいね。
トマトとかぼちゃの焼売って斬新！

動画でCHECK

蒸し料理でヘルシーに
トマト焼売

材料・2人分

ミニトマト	8個
かぼちゃ	50g
バジルの葉	8g
豚ひき肉	200g
シュウマイの皮	20枚
塩	小さじ½
こしょう	適量
すりごま	小さじ1
片栗粉	大さじ1

トマトから出た水分も
ひき肉に加えて
混ぜますぞ

トマトのうまみを
めいっぱいつかうわよ〜

作り方

1 ミニトマトは5mm角に切り、器に入れて傾けておき、水気を自然にきる。

2 かぼちゃは皮をむいて粗みじんに切り、バジルは粗みじん切りにする。

3 豚ひき肉に塩、こしょうを加えてよく練り、トマトから出た水分を加えて練り混ぜる。

4 すりごま、かぼちゃ、トマト、バジルを加えて軽く混ぜ、片栗粉を混ぜ合わせる。

5 シュウマイの皮で4を包む。

6 蒸気の上がった蒸し器に入れ、強火で6分蒸す。

トマトから出た
うまみのある水分も
余さず使おう

蒸されたかぼちゃが
トマトの水分や
うまみを吸ってくれる

親指と人差し指の
〇の中に詰めて、手を
すぼめながら成形する

キッチンセット大解剖

収録スタジオのセットに込められた想いやこだわりを大公開♪

美術
吉沢みちるさん

Concept

フランスのプロヴァンスの雰囲気をイメージ。最初にシステムキッチンから決めました。料理番組は白天板が多いのですが、私自身が黒にピンときました。また黒なので、砂糖や塩などが見やすく素材もキレイに見えます。表面は耐熱性のある素材のものをセレクトしています。

キッチン下などの棚は一般的に、扉になっているのですが、すべてオープンになっているものを選んでいます。物が出し入れしやすく、すぐに道具が取れるようになっています。機能的で撮影や調理もスムーズに進むようなものをセレクトしました。

セット内はアールを使用した箇所も多いのでテーブルも料理番組らしくビーンズ型にデザインしました。座る人数が増えても顔が向かい合い食事や会話も楽しめる食卓で、カメラも撮りやすい工夫をしています。

玄関は全体的に曲線を使って、やさしい印象に。玄関横の壁の飾りや中庭には収録ごとに置くものや植物を替えて、季節感を出せるようにしています。DAIGOさんが"住んでいる"ようなイメージが視聴者さんに伝わるつくりにしました。

小上がりには試食のシーンで明るさを出せるようにしてます。壁面の飾り棚に置いている氷山のイラストはネットミームが元ネタで"料理にはさまざまなプロセスがあり、「食べる」は氷山の一角にすぎない"という意味を込めてあります。

シチュエーション別レシピ

特別なごちそうを食べたいとき、ホームパーティーで盛り上がりたいとき、ちょっとだけ食べたいとき、甘いものがほしいとき… いろんなシチュエーションに応える「おたすけレシピ」を紹介します！

食卓が華やかになる！
ラザニア

> 食べるところによって
> いろんな味が
> 楽しめていいですね

動画でCHECK

《 材料・2人分 》

ラザニアの生地	6枚
ホワイトソース	200g
牛乳	100㎖
モッツァレラチーズ	100g
ほうれん草	50g
マッシュルーム	100g
白ワイン	30㎖
ミートソース	130g
パルメザンチーズ（粉）	大さじ3
バジル（生）	3枚
バター	25g
バージンオリーブ油	適量
塩	適量
こしょう	適量

《 作り方 》

1 ホワイトソースに牛乳を加え、なめらかになるまで混ぜる。

2 モッツァレラチーズは8mm角に切り、ほうれん草は4cm長さに切り、マッシュルームは5mm厚さに切る。

3 フライパンにバター20gを熱し、マッシュルームを強火で少し色づくまで炒め、ほうれん草を加えて炒める。

4 白ワインを加えてアルコール分をとばして煮詰め、ミートソースを加えて塩、こしょうをする。

5 グラタン皿の底にオリーブ油を薄く塗る。

6 1の少量を広げ、ラザニア生地1.5枚、4の⅓量、1の少量、モッツァレラ⅓量、パルメザン少量、バジル1枚をちぎってのせる。

7 6をもう2回繰り返し、残りのラザニア生地をのせて1で全体を覆い、パルメザン、バター5gをのせ、予熱した220℃のオーブンで20分焼く。

肉汁を一滴も残さず活かす！

サーロインステーキ

きちんと時間を守れば
肉汁あふれるステーキが
家でも焼けるんですね

動画でCHECK

材料・2人分

牛サーロイン肉（2cm厚さ）	1枚（400g）
塩	小さじ⅔
黒こしょう	適量
しめじ	50g
しいたけ	3枚
バージンオリーブ油	適量
バター	10g
クレソン	½束
マスタード	適量

作り方

1 牛サーロイン肉は室温に15分ほどおき、水分をふき、塩と黒こしょうをふってなじませる。

2 フライパンにオリーブ油を入れて強火で熱し、牛肉を中火で約1分、裏返して1分焼く。さらに両面を1分ずつ焼いて取り出す。

3 取り出した肉をアルミホイルに包んで4分以上休ませる。

4 しめじは小房にほぐし、しいたけは石づきを少し切って半分に切る。

5 フライパンの焼き油を捨ててバターを加え、4を入れて黒こしょうをふり強火で炒める。焼き色がついたら3の牛肉から出た肉汁を加えてからめる。

6 牛肉を1.5cm厚さのそぎ切りにして器に盛り、5のきのこ、クレソンを盛り、マスタードを添える。

牛肉は動かさずに焼いて
焼き色をつけよう！

焼いた時間以上は
休ませるのが鉄則

西洋料理・大西章仁先生

動画でCHECK

豚肉やわらか、簡単ごちそう
ローストポーク

動画でCHECK

あっさりソースで赤身をおいしく！
しょうが風味の
シャリアピンステーキ

《 材料・2人分 》

豚肩ロース肉（室温に戻す）	サラダ油 …… 小さじ1
…………… 1枚（300g）	バター …………… 20g
にんにく（皮つき） … 4片	塩 ……………… 適量
玉ねぎ ………… ½個	こしょう …………… 適量
ズッキーニ ……… ½本	粒マスタード ……… 適量
さつまいも ……… ¼本	岩塩 ……………… 適量
タイム（生）……… 4枝	黒こしょう（粗びき） … 適量

《 作り方 》

1 にんにくは皮つきのまま、熱湯に入れて5分ゆでる。

2 玉ねぎは縦4等分に切り、ズッキーニは皮ごと1cm厚さの輪切りに、さつまいもは半月切りにする。

3 豚肩ロース肉に塩、こしょうをする。

4 フライパンにサラダ油、バター、タイム、にんにくを入れて熱し、中火で豚肉に3分かけて全面に焼き色をつけ、オーブンプレートに取り出す。

5 フライパンに野菜を入れ、両面に軽く焼き色をつける。

6 5を4の豚肉のまわりに並べ、200℃に予熱したオーブンで15分焼く。

7 豚肉を切り分け、野菜とともに器に盛る。粒マスタードを添え、岩塩と黒こしょうをふる。

《 材料・2人分 》

牛ランプ肉（ステーキ用）	ブイヨン ………… 120㎖
…………… 2枚（300g）	バター …………… 10g
しょうが ………… 30g	バージンオリーブ油 …… 適量
玉ねぎ ………… 100g	塩 ……………… 適量
白ワイン ……… 大さじ2	こしょう …………… 適量
	フライドポテト（好みで）… 適量

《 作り方 》

1 しょうがと玉ねぎはすりおろす。

2 牛ランプ肉の両面を包丁の刃で軽くたたき、1を両面にまぶしてラップで包み、室温で5分以上おく。

3 2のしょうがと玉ねぎを取り除いて残しておき、牛肉の水分をペーパータオルでふき取り、塩、こしょうをしてなじませる。

4 フライパンにオリーブ油大さじ1を熱し、牛肉の両面を1分ずつ強火で焼き、アルミホイルで包んで休ませる。

5 フライパンの余分な焼き油を捨て、3のしょうがと玉ねぎを中火で炒めて水分をとばし、白ワインを入れて半量になるまで煮詰める。

6 ブイヨンと塩小さじ¼を加えて3〜4分煮詰め、休ませている牛肉から出た肉汁とバターを加えてこしょうで味を調える。器にステーキを盛り、ソースをかける。フライドポテトを添える。

動画でCHECK

パリパリおいしい！リーズナブル！
餃子の皮でクリスピーピザ

《 材料・各1枚分 》

A プルコギ風ピザ
- ギョウザの皮 …………… 10枚
- 長ねぎ ………………… ⅓本
- 豚バラ肉（薄切り）…… 70g
- 砂糖、しょうゆ … 各大さじ1
- 片栗粉 …………… 小さじ¼
- マヨネーズ ………… 大さじ1
- ピザ用チーズ ………… 40g
- 刻みのり ………………… 適量
- 青ねぎ（小口切り）…… 適量

B ベーコンとコーンのピザ
- ギョウザの皮 …………… 10枚
- ベーコン ………………… 1枚
- 玉ねぎ …………………… 30g
- ピーマン ……………… ½個
- スイートコーン缶 … 大さじ2
- トマトケチャップ … 小さじ2
- マヨネーズ ………… 大さじ1
- ピザ用チーズ ………… 40g

《 作り方 》

1 **A**の長ねぎは斜め薄切りに、**B**の玉ねぎは繊維に沿って薄切り、ピーマンは薄い輪切り、ベーコンは2cm幅に切る。

2 **A**の豚バラ肉は1cm幅に切って耐熱ボウルに入れ、砂糖、しょうゆ、片栗粉をからめ、両端をあけてラップをかけ、600Wの電子レンジで2分加熱し、よく混ぜる。

3 【A】フライパン（直径23cm以上）にギョウザの皮を10枚並べマヨネーズを細く絞り、長ねぎと**2**をのせてチーズを散らす。

4 【B】別のフライパン（直径23cm以上）にギョウザの皮を10枚並べ、マヨネーズとトマトケチャップを塗り広げ、玉ねぎ、ピーマン、ベーコン、スイートコーンをのせ、チーズを散らす。

5 **3**と**4**にふたをして中火にかけ、チーズが溶けるまで焼く。

6 ピザを取り出して器に盛る。プルコギ風ピザには刻みのり、青ねぎを散らす。

餃子の皮がおしゃれなタルトに！
マカオ風タルト

動画でCHECK

《 材料・直径8cmアルミカップ8個分 》

- アスパラガス …… 3本（50g）
- 玉ねぎ …………………… 50g
- むきえび ………………… 60g
- 鶏もも肉 ………………… 60g
- バター …………………… 5g
- 塩 ………………… 小さじ⅕
- 砂糖 ……………… 小さじ½
- 小麦粉 …………… 小さじ2
- カレー粉 ………… 小さじ1
- 牛乳 …………………… 120ml
- ギョウザの皮 …………… 8枚
- ピザ用チーズ ………… 30g
- サラダ油 ………… 大さじ1

《 作り方 》

1 アスパラガスは下のかたい部分の皮をむいて1cm幅に、玉ねぎは1cm角に切る。むきえびは背わたを取って1.5cm幅に、鶏もも肉は1.5cm角に切る。

2 フライパンにバターを熱して、鶏肉とえびを中火で炒め、塩、砂糖を加える。玉ねぎを透明感が出るまで炒め、アスパラガスを加えて炒める。

3 小麦粉、カレー粉、サラダ油を加えて弱火で炒める。牛乳を少しずつ加えて中火で混ぜながら煮立て、とろみがついたら取り出す。

4 オーブンプレートにアルミカップを並べてギョウザの皮を敷き、**3**を入れてピザ用チーズをのせる。

5 200℃に予熱したオーブンで15分焼き、アルミカップから取り出して器に盛る。

いつもの具材とひと味違う！

アレンジ手巻き寿司

動画でCHECK

《 材料・2人分 》

すし飯	2合分
焼きのり（半分に切ったもの）	8枚

☆牛肉しぐれ煮

牛肉（切り落とし）	200g
しょうが（せん切り）	20g
サニーレタス	2枚

A（煮汁）

酒	100mℓ
水	100mℓ
砂糖	大さじ2
みりん	大さじ2
しょうゆ	大さじ2⅔

☆サーモンポキ風

サーモン（生食用）	200g
玉ねぎ	½個
青じそ	8枚

B（つけだれ）

塩	小さじ⅓
みりん	小さじ1
しょうゆ	小さじ2
ごま油	小さじ2
いりごま（白）	小さじ1

《 作り方 》

1 牛肉しぐれ煮を作る。鍋に**A**を合わせて火にかけ、沸騰したら牛肉の切り落とし、しょうがを入れて中火で1分煮る。

2 牛肉をざるに上げ、煮汁が⅓量になるまで中火で5分ほど煮詰める。

3 煮汁が煮詰まったら、鍋に牛肉を戻し入れてからめ、バットに広げて粗熱を取る。

4 サーモンポキ風を作る。玉ねぎは繊維に逆らって薄切りにし、サーモンは2㎝角に切る。青じそは軸を切り落とす。

5 ボウルにサーモン、玉ねぎ、**B**を加え、よく混ぜてなじませる。

6 のりにすし飯を適量広げ、青じそ、**5**をのせて巻く。もう一方はサニーレタス、**3**をのせて巻き、ともに器に盛る。

牛肉はいったん取り出しておくとかたくならない

きれいに巻くコツはのりの下半分の具材を少なめにすること

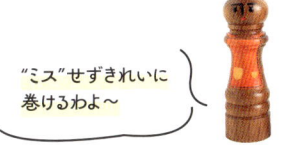

"ミス"せずきれいに巻けるわよ～

お弁当に入れてもオシャレ！

BLTサンド

動画でCHECK

せん切りレタスが
トマトの水分を吸収！

《 材料・2人分 》

ベーコン	6枚（140g）
レタス	3枚（120g）
トマト	1個
塩	1g
食パン（6枚切り）	4枚
マヨネーズ	大さじ2
練りからし	小さじ1
黒こしょう	適量

《 作り方 》

1 トマトは縦半分に切ってから横に6等分に切り、塩をふって5分おく。レタスは3mm幅のせん切りにする。食パンはトーストする。

2 マヨネーズと練りからしを混ぜる。

3 フライパンを中火で熱し、ベーコンの両面を焼いて黒こしょうを多めにふって取り出す。

4 BLTサンドを2組作る。焼けた食パンの片面に**2**を塗り、まな板に広げたラップの上に置く。

まばらに塗ると
味のアクセントに

5 食パン2枚にレタスを¼量ずつのせ、トマトは水分をふき取ってのせ、ベーコン、残りのレタスをのせて、食パンをそれぞれかぶせる。

6 パンを押さえてラップで包み、3等分に切って器に盛る。

ラップに包むと
切りやすく！

かわいい見た目で子どもも喜ぶ！
コーンクレープ

> コーンの甘みがやさしくて
> 朝ごはんにもよさそうですね

動画でCHECK

《 材料・2人分 》

スイートコーン缶（クリームタイプ）	180g
卵	1個
パンケーキミックス	80g
バター	20g
サニーレタス	2枚
かにかまぼこ	50g
アボカド	½個
トマト	1個
マヨネーズ	大さじ1
塩	適量
こしょう	適量

《 作り方 》

1 ボウルにスイートコーン、卵を入れて泡立て器で混ぜ、パンケーキミックスと、塩、こしょう各適量を加え、混ぜ合わせる。

2 フライパンにバター5gを中火で熱し、1を¼量流して弱火で両面をよく焼き（全部で4枚）、取り出して粗熱をとる。

3 かにかまぼこはほぐし、アボカドとトマトは1cm角に切る。サニーレタスはちぎる。

4 ボウルにかにかまぼこ、アボカド、トマトを入れ、マヨネーズと、塩、こしょう各適量を加えて混ぜ合わせる。

5 2のクレープにサニーレタス、4をのせて半分に折り、器に盛る。

コーンの風味を生かすため、牛乳は使わない

薄さにこだわらず、適度な焼きやすい厚みでOK

西洋料理・紫藤慧先生

表面サクッと、中はもっちり！

6Pチーズインじゃがいも

動画でCHECK

動画でCHECK

驚くほど、ええとこの味！

食パンで！本気の肉まん

6Pチーズインじゃがいも

《 材料・2人分 》

6Pチーズ	1箱	こしょう	適量
じゃがいも	2個（250g）	片栗粉	適量
水	大さじ2	サラダ油	適量
塩	小さじ⅓		

《 作り方 》

1 じゃがいもは皮をしっかり洗い水気がついたままラップに1個ずつ包んで600Wの電子レンジで4分加熱し、裏返してさらに1分加熱する。

> 皮がしわっとするまで加熱して水につけると、皮がむきやすい

2 1をラップごと冷水につけ、皮をむいてつぶし、片栗粉大さじ1と水、塩、こしょうを混ぜ合わせる。

3 2を6等分してチーズを包み、適量の片栗粉をしっかりまぶす。

> チーズがはみ出ないように全体を覆う

4 少し多めのサラダ油を入れたフライパンを弱めの中火で熱し、3を並べ、こんがりしたら裏返して全面を焼き、取り出して油をきる。

食パンで！本気の肉まん

《 材料・2人分・小ぶり4個分 》

食パン（6枚切り）	4枚	しょうゆ	小さじ½
玉ねぎ	¼個（50g）	ごま油	小さじ½
豚ひき肉	100g	塩	適量
砂糖	小さじ½	こしょう	適量
顆粒鶏ガラスープの素	小さじ1	おろしにんにく	少量
		（チューブの場合1cm）	
片栗粉	小さじ2	おろししょうが	少量
酒	小さじ1	（チューブの場合1cm）	

《 作り方 》

1 玉ねぎはみじん切りにする。

2 耐熱容器に玉ねぎと食パン以外の残りの材料すべてを入れて混ぜる。両端をあけてラップをかけ、600Wの電子レンジで3分加熱する。

3 食パンのミミを切り落とし、ラップをまな板に広げ1枚ずつのせて水を小さじ2くらいかけ、パンを裏返して手でつぶしてのばす。

> ラップは厚めのタイプが作りやすい

4 2をよく混ぜ、3に¼量ずつのせてラップで包んで茶巾にし、残り3個も同様にする。

5 4個を耐熱皿にのせ、600Wの電子レンジで1分30秒加熱し、ラップをしたまましっかり茶巾にして1分ほどおき、ラップをはずして器に盛る。

正統派だけど意外とカンタン！

キャラメルプリン

動画でCHECK

《 材料・4個分 》

牛乳	300㎖
バニラのさや	¼本
砂糖	40g
卵	2個（100g）

A（キャラメル）

砂糖	50g
水	30㎖

> キャラメルの苦みが絶妙！
> なめらかでおいしいですね
> これが家でできるなんて驚き！

《 作り方 》

1 鍋にAの水の半量と砂糖を入れる。中火にかけて全体が薄茶色になってきたら火を止め、余熱で色づけて残りの水を加える。

2 冷水の入ったバットに鍋ごとつけて粗熱を取り、熱いうちに型に流し入れる（キャラメル）。

3 2の鍋に牛乳を入れる。バニラのさやは裂いて種をこそげ、さやと種を砂糖に合わせて鍋に加え、温めてキャラメルを溶かす。

4 溶きほぐした卵に3を混ぜ合わせ、目の細かいざるで漉す。2の型に流し入れてアルミホイルで1個ずつにふたをする。

5 フライパンにペーパータオルを敷いて4を並べる。型の半分の高さまで湯を入れてふたをし、ごく弱火で15〜20分火を通す。

6 火を止めて余熱で15分おき、取り出して常温において粗熱を取り、冷蔵庫で3時間以上冷やす。

7 型の内側を包丁でなぞって、はずれやすくし、器にひっくり返す。

卵と牛乳は
泡立てないよう
静かに混ぜる

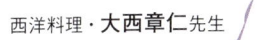

西洋料理・大西章仁先生 /

プルルン食感がいい！
レンジで
わらび餅風

動画でCHECK

《 材料・2人分 》

片栗粉	大さじ3	きな粉	適量
砂糖	大さじ3	お好みで黒みつ	適量
熱湯	200㎖		

《 作り方 》

1 耐熱ボウルに片栗粉と砂糖を入れて混ぜ、分量の熱湯を少しずつ注ぎながら泡立て器でしっかり混ぜる。

> お湯がぬるいとダマになりやすいので必ず熱湯で！

2 ラップをせずに600Wの電子レンジで1分加熱する。

3 水でぬらしたヘラでよく練り、再びラップをせずに600Wの電子レンジで1分30秒加熱する。

4 まとまったら氷水に入れ、粗熱が取れたら一口大に手でちぎり、さらに冷やす。水気をきって器に盛り、きな粉、黒みつをかける。

> 冷蔵庫で冷やすと白く濁るので氷水で急冷する

冷やしてもしっとり食感♪
レンジで濃厚
ガトーショコラ風

動画でCHECK

《 材料・紙コップ4個分 》

板チョコ	2枚（100g）	卵	1個
※板チョコはミルクやビターなどお好みで		（お好みで）片栗粉	適量
バニラアイス	80g	※片栗粉は粉砂糖のかわり！溶けずに甘くないので◎	

《 作り方 》

1 紙コップ（無地のもの）にラップを大きめに切ってのせ、別の紙コップを重ねてそっと抜き、ラップを内側に敷く。

2 耐熱ボウルに板チョコを割り入れ、バニラアイスを加え、ラップをせずに600Wの電子レンジで1分20秒加熱する。

3 2を泡立て器で混ぜ、卵を割り入れてよく混ぜ、1に流す。

4 3を2個ずつ600Wの電子レンジで1分20秒加熱する。粗熱が取れたら冷蔵庫で1時間以上冷やし、紙コップから取り出し、お好みで片栗粉をふる。

> 加熱後は表面が生っぽいぐらいでOK

ラッピングしやすいのでプレゼントにもおすすめ

レンジでザクザクブラウニー

動画でCHECK

《 材料・容量700mlの耐熱容器1台分 》

板チョコ	2枚（100g）
無塩バターまたはマーガリン	50g
砂糖	大さじ1
牛乳	大さじ2
卵	1個
薄力粉	大さじ3
ココアクリームサンドクッキー	5枚
くるみ	15g
お好みで片栗粉または粉砂糖	適量

チョコレートの生地もおいしいし、
クッキーやくるみの
ザクザクの歯ごたえもいい感じ！

《 作り方 》

1 板チョコは細かく割って耐熱ボウルに入れる。無塩バターを加え、ラップをせずに600Wの電子レンジで1分加熱する。

2 レンジから取り出して泡立て器で混ぜる。かたまりがあればさらに20秒くらい加熱し、混ぜて溶かす。

3 2に砂糖、牛乳を加えて混ぜ、卵を入れてよく混ぜ、薄力粉を加えてさっくり混ぜる。

4 クッキングシートを敷いた型に流し、型の底をトントンと打って空気を抜く。

5 クッキーをクリームごと手で砕き、くるみも手で砕いて散らす。

6 ラップをせずに600Wの電子レンジで3分加熱する。

7 6を型に入れたまま冷まし、取り出して食べやすい大きさに切り、片栗粉を茶漉しでふる。

1日おくと生地が固まって
食感ががらりと変化！
ラッピングもしやすくなります

山本ゆり先生

料理制作	辻調理師専門学校、山本ゆり
編集	金井洋平、堅田沙希
編集協力	エディットプラス
	辻調理師専門学校・辻静雄料理教育研究所
	今村友美、渡邉志保
	エー・プラス
取材・写真協力	ABCテレビ／矢野政臣、加藤啓次郎
	レジスタエックスワン／玉谷章、佐野真紀
	Onnela　kicho
撮影	鰰澤和之、ハリー中西
フードスタイリング	はまもとみゆき、太田淳子
プロップスタイリング	明石幸子
デザイン	熊田愛子（monostore）
DTP	株式会社三協美術
校正・校閲	株式会社東京出版サービスセンター
営業	三森文子

「DAIGOも台所」永久保存版　厳選100レシピ
きょうのごはんが決まる本

2024 年 12 月 7 日　初版発行
2025 年 1 月 23 日　第2刷発行
2025 年 2 月 2 日　第3刷発行
2025 年 3 月 3 日　第4刷発行

著　者	ABCテレビ、辻調理師専門学校、山本ゆり
発行人	園部充
編集人	金井洋平
発行所	株式会社ABCアーク
	〒105-0004
	東京都港区新橋 6-22-6 JOYO ビル 4 階
	電話　03-6453-0640（代表）　048-485-8685（注文）
	https://abc-arc.asahi.co.jp/
印刷・製本	株式会社シナノパブリッシングプレス